Vladimir Brânduş

O VOLTĂ

Această carte este un **omagiu mamei mele** – adresat din păcate post-mortem...
...căci ea a trăit această Voltă cu mult înaintea timpului în care eu aş fi putut înţelege şi aprecia aşa ceva.
Sensul profund al acestei Volte a fost întregul conţinut al vieţii, artei şi personalităţii ei.

Totodată dedic această carte nepoatei mele
Nives Vera Elisabeth
născută tocmai în timpul lucrului la prezentele texte.
...poate, cândva, va trăi şi ea această Voltă, asemenea străbunicii ei.

Mama mea, artista Tatiana Brandsdörfer (pictoriţă), a murit la 2 iulie 1991, foarte departe de locul în care eu locuiam. Ea a decis ca eu să fiu anunţat abia după înmormântare. Aşadar am primit această informaţie – înţeleasă aici ca *experienţă*/percepţie empirică – abia în seara acelei zile triste a înmormântării mamei. Surprinzător: această informaţie/*experienţă* nu a declanşat în sufletul meu nici lacrimi, nici tristeţe şi cu atât mai puţin vreo depresiune psihică. Este adevărat că în timpul ce a urmat am încercat adesea să „vorbesc cu ea" – încercam să o caut... Aprindeam o lumânare şi mă gândeam intensiv la ea, cuprins fiind de mare pietate.

Aşa ceva este mult şi frumos ... şi în acelaşi timp mult prea puţin: pierdusem totuşi propria mamă!

Aproape douăzecişicinci de ani de la moartea ei, în luna Decembrie 2015, pe când lucram tocmai la această carte, am descoperit din întâmplare într-un sertar uitat unele tablouri pictate de mama mea. Cu toate că aceste tablouri nu erau din punct de vedere artistic dintre cele mai reuşite ale ei, ele au avut o neaşteptată forţă de impact asupra sufletului meu. Deodată am fost direct confruntat cu sufletul ei! Pentru prima dată am izbucnit în lacrimi – aşa cum fiecare fiinţă *simte* sau *resimte* experienţa/informaţia pierderii propriei mame! Admiram morala ei exemplară, profund creştină, care acum îmi lipsea. Abia în acel moment am preţuit aşa cum se cuvine iubirea ei nemărginită pentru oameni, pentru animale ca şi pentru muzică şi culori. După un timp atât de îndelungat am înţeles prin aceste tablouri mult, foarte mult...

Uitatele tablouri nu mi-au readus mama... Nu! Însă ele mi-au înlesnit *simțirea* (emoțională) a morții ei! Arta – arta ei! – a realizat după aproape douăzecișicinci de ani ceea ce părea a nu mai fi posibil: să împerecheze totuși *experiența* cu *resimțirea* acesteia de către mine, așa cum îndeobște este cazul! Până la acel moment nu mi-am fi putut închipui vreodată că între o *experiență* și *resimțirea* subiectivă a acesteia ar putea trece atâta amar de vreme! Se pare că în lumea sufletului și a emoțiilor nu domnește vreo regulă impregnată de rațiune... căci acolo și imposibilul este posibil![1]

---

[1] NOTĂ IMPORTANTĂ: Pe parcursul întregului volum, și mai cu seamă în eseul *Culoare și Ființă*, se va ține seama, în spiritul fenomenologiei, de o riguroasă diferențiere între conceptul de **experiență** și **simțirea/resimțirea** acesteia de către subiect. Astfel: 1) „**experiență**" desemnează *percepția* empirică a unui element/fenomen din afara subiectului; asemănător, „experiență" poate desemna și *a afla, a primi o informație*, adică atunci când subiectul ia cunoștință de o idee nu prin simțuri, ci pe cale mentală (înțelegere!). 2) „A **simți/a resimți**" desemnează în fond *prelucrarea/valorificarea experienței*, fie ea în tărâmul emoțional (suflet), fie în cel ideatic (spirit). În ambele cazuri această prelucrare/valorificare este mereu subiectivă (se petrece exclusiv în subiect – în sufletul sau în spiritul acestuia).

Cu alte cuvinte *experiența* poate fi înțeleasă ca a fi o ***cauză***, iar *a simți sau resimți* (simțul, simțământul, senzația), dar și *fertilitatea unei idei aflate* (interpretări sau speculații pe marginea acesteia), pot fi înțelese ca ***efect***.

Și mai pe scurt: experiență = **ce „intră"** în subiect, iar simțire/resimțiere, senzație etc. = **cum reacționează** subiectul la ceea ce a aflat. Extins, este vorba aici de contactul subiectului cu Lumea din afara sa!

În limba franceză echivalentul lui „experiență" este *expérience*, iar în limba germană *Erfahrung* – ambele foarte des folosite în texte filosofice. Pentru a simți/a resimți, simț/simțământ, senzație, francezii folosesc cuvântul *éprouver*, iar germanii *Empfindung*.

VLADIMIR BRÂNDUŞ

O VOLTĂ

DE LA RAŢIUNE ÎNSPRE EMOŢII

Bibliografische Information der Deutschen Nationalbibliothek:
Die Deutsche Nationalbibliothek verzeichnet diese Publikation in der Deutschen Nationalbibliografie; detaillierte bibliografische Daten sind im Internet über http://dnb.dnb.de abrufbar.

© 2016 Thomas Brandsdörfer– Düsseldorf

(Vladimir Brânduş este pseudonimul lui Thomas Brandsdörfer pentru scrierile sale în limba română / Vladimir Brânduş ist das Pseudonym von Thomas Brandsdörfer für seine in Rumänisch verfassten Schriften)

Coperta: **Guido Wedenissow**

Herstellung und Verlag: BoD – Books on Demand, Norderstedt

ISBN: 978-3-7412-9909-4

Cuvânt înainte

Pentru cititorii care cunosc deja unele scrieri de-ale mele ar fi trebuit să fi devenit o evidență: Am încercat întotdeauna să cuplez ideea cu emoția, adică să exprim atât aura emoțională a ideilor, cât și miezul ideatic al emoțiilor.

Consider a fi o prejudecată rigidă afirmația potrivit căreia lumea ideilor – a ideilor filosofice! – nu ar avea nimic comun cu lumea emoțiilor; cu atât mai mult a crede că aceste două lumi s-ar exclude reciproc.[2] Mult mai curând sfera ideii/rațiunii și cea a emoției se oglindesc, se caută și chiar se susțin reciproc, împofida faptului că uneori acest fenomen nu este lesnicios vizibil. Ceea ce constituie Humanul – spiritul și sufletul – nu sunt două *monade* independente, ci o complexă, foarte complexă *diadă*![3]

Nu mai puțin adevărat este că în interiorul acestei diade se ivesc adevărate tensiuni care adesea sunt inconciliabile, cum este în filosofie cunoscutul conflict ireductibil dintre Logos și Mythos, în care Logosul se întemeiază pe idee și rațiune, în vreme ce

---

[2] O despărțire provizorie a acestor două lumi/sfere se operează des din rațiuni metodologice de cercetare, și, mai ales în faza analitică, este binevenită. Însă la încercarea articulării unei sinteze, mai cu seamă atunci când e vorba de fenomene privind ființa umană, consider despărțirea celor două sfere a fi o greșeală. În plus: este normal ca un analist să se lase condus doar de rațiune, așa cum un artist creator se lasă inspirat mai curând de emoție.

[3] Conceptul de **monadă** nu este de înțeles aici întrutotul în accepțiunea lui Leibniz (*Monadologie* - 1714), ci doar ca un sistem ce este indisolubil în componentele sale, are o inconfundabilă identitate și este autarc. (Cuvântul își are originea în grecescul μόνος/monos = unic, singur, solitar etc., din care se trage și cuvântul monarh) Conceptul de **diadă** își are originea în grecescul vechi δυάς (dyas) care înseamnă dualitate. Prin urmare înțelegem aici prin *diadă* un sistem compus din două elemente – respectiv două subsisteme – inseparabile, care acționează și reacționează în permanentă interdependență.

Mythosul se sprijină mai curând pe emoționalitatea credinței. Faptul că acest antagonism se manifestă aproape permanent și întotdeauna în interiorul ființei umane nu poate fi un indiciu al coexistenței a două monade în complexul uman (spirit și suflet sau rațiune și emoționalitate). Mult mai curând acest fapt înseamnă o dovadă convingătoare a existenței unei diade înlăuntrul căreia se petrec procese foarte dinamice, câteodată chiar dramatice. Nici spirit sau suflet, nici idee/rațiune sau emoție pot fi despărțite vreodată în cadrul unei sinteze! Ele sunt Una într-un singur Tot: Ființa Umană! Heterogenitatea care apare la ființa umană văzută în perspectivă analitică primește în cadrul unei perspective sintetice indubitabil trăsăturile omogenității! Atât de mare este diferența între a înțelege ființa umană ca fiind două monade (rațiune și emoție) și a o înțelege ca fiind o diadă!

În acest spirit am introdus în eseurile mele în mod neașteptat și neconvențional, în plin curs al dicursului analitic, *per se* întemeiat pe rațiune (vezi: fără de emoțiii), metafore, comparații poetice și formulări care determină stări emoționale. Foarte posibil că o asemenea abatere stilistică, absolut „neortodoxă", apare unor cititori neobișnuită, ba chiar stridentă sau deranjantă. Alți cititori însă acceptă și chiar apreciază acest act de indisciplină stilistică. Totuși, motivul principal pentru care nu intenționez să renunț la „grefe" poetice în texte teoretice sunt convingerile mele filosofice schițate ceva mai sus.

Totuși, odată cu această „marcă stilistică" în textele mele teoretice tema *diadei idee-emoție* la ființa umană nu este pentru mine pe deplin rezolvată. În romanul *Frumoasa insulă*, scris în anul 2005, am introdus două personaje foarte semnificative (dealtfel esle sunt personajele principale): eruditul Horațio și „adversarul" său Felix. În vreme ce Horațio este omul rațiunii care își interzice orice emoționalitate (sau cel puțin încearcă să o facă!), Felix, un om cel puțin tot atât de cultivat ca primul!, este în schimb un om care se lasă aproape permanent guvernat de emoții și simțuri. Cei doi poartă des discuții contradictorii ce se apropie de granița violenței. Felix este cel care câștigă mereu! Mai ales în confruntarea cu moartea câștigă Felix suveran!... Este aproape de prisos să subliniez aici că Horațio și Felix sunt în fond una și aceeași persoană, că ambii sunt o *diadă* și nicicum două *monade*! (chiar dacă în roman i-am despărțit în mod artificial din rațiuni de dramaturgie).

Următorii zece ani m-a urmărit necontenit această temă; sau, mai bine zis, am urmărit-o ba mai mult, ba mai puțin conștient.

După un atac cardiac – cu pericol de moarte, dar din fericire cu succes tratat de către doctori – nu am mai putut timp de mai bine de un an nici să scriu și nici măcar să citesc. Nici acum nu pot să îmi mi explic acest „stop" al activității mele spirituale! Pe când „pauza" în sfârșit se terminase, reîncepusem să scriu cu mare prudență și pe alocuri chiar nesigur pe mine (probabil voiam să-mi demonstrez că pot din nou să scriu!). Din fericire textele au devenit, pas cu pas, din ce în ce mai profunde și, după părerea mea, din ce în ce mai bune. Era însă evident că multe pasaje și chiar texte întregi erau puternic impregnate de emoționalitate. Iată: eram din nou guvernat de vechea mea temă – *diada* idee-emoție! Am hotărât să public această culegere de texte sub titlul *Plimbări printre idei și emoții 2013-2014* (BoD - 2015). Totuși înainte de a publica această carte am dorit să reechilibrez balanța dintre rațiune și emoție, de astă dată în favoarea rațiunii. Pentru asta am scris în anul 2014 două eseuri care probabil sunt cele mai bune ale mele: *Tăcerea, cifra zero și liniștea* și cel numit *Culoare și ființă*. În cadrul acestor două eseuri s-a petrecut, din partea mea absolut instinctiv, pilotată probabil de către subconștient, o voltă uluitoare: tema *diadei* rațiune-emoție a pășit din nou în prim-plan, și chiar sub altă formă, mult mai accentuată și manifestă ca deobicei! (...și eu care voiam tocmai prin aceste ultime eseuri să mut centrul de greutate înspre rațiune!...).

DESENUL ACESTEI VOLTE

În primul eseu, *Tăcerea, cifra zero şi liniştea*, interpretez în ultimul capitol liniştea ca a fi un „zero absolut", înspre care fiinţa fuge de „gălăgia lumii" pentru a putea ajunge la esenţe şi astfel a se apropia de Dumnezeire (*Tranquillitas animi* sau *Ataraxie* în sensul dat acestui concept de Epicur). Acolo pot fi desluşite rezonanţele unui îndemn ascuns de a se depărta de fenomenele perceptibile şi de înţelegerea lor prin raţiune(!) în favoarea unei apropieri de senzorialitate şi emoţie – singurele care ne înlesnesc a auzi „*sunetul originar al lumii*" şi al tuturor fenomenelor – adică a intra în contact nemijlocit cu esenţele! Această idee este, fără îndoială, debutul Voltei!...

În al doilea eseu, *Culoare şi fiinţă*, capătă această Voltă o formă şi mai clară şi radicală. După o mulţime de pagini conţinând riguroase filosofice, fizicale şi fiziologic-anatomice analize (cu toate îndeajuns de „seci"), urmează o profundă parte eseistică. Pe la sfârşitul acestei părţi întrerup abrupt discursul cu frazele: „*Eu nu mai ştiu, nu mai pot şi poate nici nu mai vreau să spun ceva în plus despre Culoare şi Fiinţă. Cel mult, aş putea să mă adresez acum unui prieten, unui prieten bun, apropiat, unui prieten de suflet şi gândire*"... Şi la sfârşitul acestei „cuvântări" plină de tandreţe şi emoţionalitate către „prieten" îi spun acestuia: „*Poate... poate ar fi fost mai bine să te fi mângâiat pe creştet... în loc de a fi scris acest eseu...*"

Unii cititori apropiaţi mie s-au arătat dezamăgiţi de această frază – presupuneau probabil că nu voi mai scrie teorie. Un refuz şi mai evident şi radical al teoriei în favoarea emoţiei nici că ar putea fi! Încerarea mea iniţială de a crea o stare de echilibru între raţiune şi emoţie a eşuat! Felix din *Frumoasa insulă* a câştigat din nou! Dacă eu am câştigat sau am pierdut ceva prin această Voltă va putea arăta numai viitorul. Deocamdată mie îmi place Volta... îmi place foarte tare... Dar, cum se știe, nimic nu este făcut pentru eternitate...

Pentru a completa și a accentua înnoit această Voltă foarte importantă pentru mine, mi-am permis, pe deplin conștient, un sacrilegiu stilistic: am încheiat această carte de eseuri cu un text adresat unei mici creaturi fără de apărare. Am ales un animal domestic – un motănaș –, cu toate că ar fi putut să fie aleasă orice altă creatură. Am numit această ființă imaginară (din păcate nu am nici un animal domestic în casă) *Gheruță*.

În acest ultim text al cărții – text ce nu mai poate fi considerat ca a fi un eseu – încerc să redau, în evidentă „cheie" poetică, toate emoțiile, stările sufletești și gândurile pe care le poate avea o ființă umană în cadrul unei profunde legături cu un animal mult iubit. De aceea am dat acestei scrieri subtitlul *Un text din lumea emoțiilor*. Este bucuria și seninătatea pe care un animal iubit le dăruiește ființei umane, dar și grijile și fricile acesteia din urmă pentru binele vieții fără de apărare. Este vorba și de jocurile-visuri pe care ființa umană într-o astfel de relație cu un animal le întreprinde, redevenind ea însăși puțin copilărească (!). Sunt însă și mustrările de conștiință și sentimentul de culpă ale omului de a nu se fi comportat față de „prietenul" său întotdeauna corespunzător speciei și naturii acestuia...

În continuare Gheruță va fi însărcinat să vestească tuturor animalelor, și mici și mari, să fie foarte prudente în relațiile lor cu oamenii, căci aceștia nu răspund întotdeauna cu dragoste atunci când li se arată, cu naivă bună-credință, dragoste și devoțiune, așa cum fac animalele. Gheruță va afla că oamenii se pot isteriza, așa cum odinioară un om înțelept a spus. Iar când tema acestei isterii este lăcomia – cum foarte des e cazul! – și omul întrevede în sacrificarea animalelor câștiguri mari, Gheruță trebuie să le avertizeze pe toate: Animalele nu au nici o șansă!

Totuși există și o consolare: Îi promit lui Gheruță că atunci când voi pleca într-acolo de unde nimeni nu se mai întoarce, voi aranja cu Bunul Dumnezeu să le dăruiască animalelor, și mici și mari, o singură stea din multele miliarde ce sclipesc pe magicul firmament. După ce vor fi plecat din lumea noastră vor putea trăi cu toate pe acea stea minunată, numai după legile, puterile, dorințele și obișnuințele lor – mai cu seamă fără de oameni! A ști asta le va ajuta pe toate! Mai ales în clipele grele, chinuitoare, în clipele de frică față de oameni și în cele de panică în fața morții, acolo, în abatoarele apocaliptice, o privire în sus, spre steaua cea strălucitoare, le va fi întrucâtva un ajutor.

"...mai cu seamă fără de oameni..." am scris mai sus. Astea sunt cuvinte grele... foarte grele! Rog cititorul să înțeleagă aceste cuvinte numai în contextul în care ele au apărut și nu cumva să interpreteze că Volta pe care încerc să o descriu în acastă carte ar fi o distanțare față de ființa umană în general. Volta care este și tema acestui cuvânt înainte este numai una dinspre idee/rațiune înspre emoții – atât și nimic mai mult! Trebuie să fie clar că Volta, astfel înțeleasă, se petrece întotdeauna în cadrul, înlăuntrul personalității umane. În consecință, orice interpretare, analiză sau aprofundare a acestui fenomen poate fi întreprinsă numai *pentru* ființa umană și nicidecum *împotriva* ei.

SENSUL ACESTEI VOLTE

Într-o lume modernă – foarte modernă!... – cum este lumea noastră în care conceptul de putere/forță este din ce în ce mai rar asociat cu forța ideilor, a emoțiilor sau a credinței, ci mult mai des cu puterea de a se impune, de a lovi prin șiretenie, necinste, intrigi, înjosiri și nu rare ori chiar prin mijloace fizice (lovituri cu pumnii, cu piciorul până la estropierea victimei), dar și acustice (strigăte, motoare sau muzică asurzitoare etc.), într-o asemenea lume în care emoțiile sunt înlocuite prin șocuri de adrenalină iar credința prin dubioase chaturi sau fanatizări în orice direcție, gânditorului adevărat îi este interzisă tăcerea. Vocea lui devine obligație!

Nu numai gânditorul, ci orice persoană care dorește dezvoltarea pozitivă a societății trebuie să ia atitudine împotriva oricărui agent coroziv care amenință procesul de civilizare. Acest proces de continuă aprofundare și extindere a civilizației se aseamănă cu un șantier – îl numesc „șantierul civilizației". Pe „șantierul civilizației" trebuie lucrat fără răgaz, căci sarcinile ce se cer a fi rezolvate sunt din păcate foarte mari, mult mai mari decât ne-ar place! Unul din multele planuri ale „șantierului" este înlocuirea jignirii și înjosirii prin respect, înlocuirea aroganței prin înțeleaptă modestie, a trece de la răutate spre iubire, a preface indiferența egoistă în înțelegere și empatie, a opune grosolăniei și brutalității tandrețe și eleganță. Pe scurt: A transforma loviturile de orice fel în ajutor! Altfel, nu va rămâne din nobila idee de civilizație decât o jalnică „barbarie high-tech". Altfel, *a construi* va fi înlocuit prin *a demola*. Căci o civilizație nu poate fi desemnată, și cu atât mai puțin măsurată, prin mulțimea de computere sau prin nivelul de automatizare și digitalizare ce o are.

Pentru a realiza aceste deziderate este imperioasă nevoie de a re-valorifica atât de des neglijata emoționalitate și sensibilitate a sufletului uman. Căci aceste minunate proprietăți nu pot fi însușite decât foarte rar numai prin rațiune, așa cum cerea Immanuel Kant. Re-valorizarea, sau altfel spus, activarea emoționalității și a sensibilității este în fond tema mea permanentă a instaurării, respectiv re-instaurării echilibrului dintre idee/rațiune și emoționalitate în cadrul *diadei* umane.

În această perspectivă Volta de care vorbesc este nu numai pentru mine foarte importantă, ci ea poate să însemne pe marele „șantier al civilizației" o cărămidă deloc neglijabilă.

*

A *căuta* echilibrul dintre idee/rațiune și emoții mi se pare a fi un imperativ actual, căci acesta este mai necesar ca oricând și în același timp foarte binevenit. Dar a *găsi* acest echilibru este o întreprindere foarte dificilă și delicată – cine poate spune cu precizie unde este acel punct magic ideal? Totuși, mi se pare absolut necesar a căuta echilibrul între rațiune și emoție, chiar dacă unuia sau altuia i se întâmplă la distribuirea accentelor să favorizeze nedorit una dintre cele două extreme – așa cum probabil mi s-a întâmplat și mie în cartea de față.

Inițial am dorit să fac cunoscut și cititorilor mei de limbă germană aceste trei texte care, așa cum am arătat mai sus, au apărut în limba română în cartea mea *Plimbări printre idei și emoții 2013-2014* (BoD, 2015). Am tradus deci textele, le-am revizuit și întregit și apoi le-am publicat sub titlul *Eine Wendung - von der Vernunft zu Emotionen* (BoD, 2016). La prelucrarea acestei cărți am constatat că extragerea celor trei texte din *Plimbări...* funcționează ca un fel de lupă prin care se distinge cu claritate structura unei Volte spirituale. Cele trei texte nu au mai apărut ca simple „plimbări", ci au primit un mesaj cu totul special...

Este pentru mine o datorie de ordin spiritual față de importanța acestui mesaj și, în același timp, una de ordin emoțional-sufletesc față de cititorii mei de limbă română să le fac cunoscută această „lupă" publicând *O Voltă - de la rațiune înspre emoții*.

Vladimir Brânduș
Düsseldorf, octombrie 2016

În atenția cititorului: Ideea centrală a acestei cărți se profilează și în cadrul unei lecturi selective (întru evitarea unor pasaje prea „seci" / teoretice).

Tăcerea, cifra zero și liniștea

I-TĂCEREA

Tăcerea este punctul zero al comunicării între ființele umane. Ea interzice cuvântului să mai bată și să mai răzbată din cugetul unuia în cel al altuia. Tăcerea apare în trei cazuri posibile: ea este ori *refuzul* de la bun început al comunicării, ori *întreruperea* subită a acesteia, ori *sfârșitul* ei. „Tăcerea are gustul morții" spuneam la sfârșitul capitolului II în romanul meu *Frumoasa insulă*. Pentru cine are însă tăcerea „gustul morții"? Pentru cel ce refuză comunicarea sau de-odată tace, sau pentru cel căruia i se „oferă" tăcerea și ar fi vrut să mai audă ceva? Fără îndoială răspunsul este: pentru amândoi. Cel care refuză comunicarea, sau care tace subit întrerupând-o, „administrează" celui care ar dori, sau ar mai dori, să audă ceva de la el o „mică doză de moarte". Acesta din urmă este nevoit să soarbă picătura de otravă-tăcere oferită și rămâne singur cu cele spuse și mai ales cu cele încă nespuse. Ființa umană, condamnată genetic la a fi una socială, este prin definiție și una comunicativă. Ea are nevoie de comunicare, este chiar dependentă de aceasta. Nimic mai firesc faptul că atunci când comunicarea va fi întreruptă, sau chiar refuzată de la bun început, să se ivească, atât în sufletul celui care a comunicat, sau ar fi comunicat, cât și în acela al căruia comunicarea a fost receptată, sau doar dorită, însă refuzată, o senzație de gol și singurătate care are „gustul morții". Căci punctul zero al comunicării poate pricinui greață și amețeală existențială – el este mereu logodit cu nesiguranța! Comunicarea moare *în* și *prin* tăcere.

Refuzul și chiar întreruperea subită a comunicării este pentru „celălalt" un act de umilire, pe când sfârșitul ei „normal" este doar „un mic Adio". Poate tocmai din această pricină este înscris adânc în sensibilitatea umană ca atunci când cineva sfârşeşte un act de comunicare fără a-l fi întrerupt subit – fie scrisoare, cuvântare, convorbire telefonică sau chiar discuţie pe viu – să adauge în încheiere câteva cuvinte plăcute, prieteneşti celui căruia i-a scris sau vorbit. Este uman să nu introduci tăcerea prea abrupt şi impersonal – căci ea este rece... foarte rece.

Dar aceste câteva gânduri despre tăcere au o valabilitate doar îngrădită, şi anume numai în perimetrul strict al comunicării interumane în sensul tradiţional al noţiunii, adică prin limbă. În adevăr, lumea tăcerii este mult mai bogată în semnificaţii şi posibilităţi decât s-a putut întrezări mai sus.

Tăcerea vorbeşte! Oricât ar părea de ciudată ideea, tăcerea vorbeşte câteodată mai mult decât se poate rosti prin cuvinte. În plus ea înlesneşte şi chiar potenţează un alt limbaj, unul cu o mult mai mare eficienţă şi amplitudine decât cel al vorbelor. În cele ce urmează vom încerca să arătăm cum şi de ce realţia valorică dintre *vorbire* şi *tăcere* se schimbă în compataţie cu cea schiţată mai sus, ba chiar se poate inversa. Cu ajutorul unei mici excursii în domeniul istoriei matematicii vom consolida apoi teza şi totodată vom arăta că aşa-numitul *punct zero al comunicării* are cu totul alte însemnătăţi.

Mai întâi trebuie amintit faptul că refuzul unei comunicări sau întreruperea ei subită are deja o *semnificaţie*, ceea ce nu înseamnă încă o anume valoare a tăcerii ci, pur şi simplu, doar o intenţie a vorbitorului. Apoi, se cere a fi subliniat şi faptul că într-o secvenţă comunicaţională prin cuvinte vorbite introducerea unei pauze scurte are dese ori şi funcţia de a potenţa (vezi a sublinia) valoarea emoţională, şi prin ea şi cea semantică, a cuvântului care precede sau succede scurta tăcere. Nici aici nu este vorba încă de o *valoare* a tăcerii (a pauzei), ci doar de un *efect* al ei, pe care oratorii sau actorii versaţi îl folosesc des şi cu multă eficienţă. În acest caz tăcerea capătă deja o *funcţie operativă* asupra cuvintelor.

Dar adevăratele valori potenţiale şi mai ales cele de potenţare a altor elemente, ca şi adevăratele semnificaţii ale tăcerii primesc şansa de a se reliefa doar atunci când cuvântul ajunge la limitele sale.

Cuvântul, elementul de bază tradiţional al comunicării, este o *convenţie*. Etimologia vocabulei româneşti „cuvânt" este din punct de vedere al sensului de-a dreptul genială şi, se pare, unică. „Cuvânt" îşi are originea în latinescul *conventum* = reuniune/punere de acord. *Conventum* este un compus al lui *veniō,-is, vēni, ventum* = a veni. Ernout şi Meillet (*Dictionnaire étymologique de la langue latine*) arată cum *conveniō*, alături de sensul originar (reuniune, adunare), capătă şi un *sens moral*: a se potrivi cu, a cădea de acord, a se înţelege etc. Convenţie fiind, cuvântul are implicit ceva artificial în fiinţa sa. Luat ca atare, el este întotdeauna *denotativ*, el se referă *univoc* la ceea ce desemnează, însă fără nuanţe sau amănunte. Singur, un cuvânt nu ne spune mare lucru. Totul funcţionează perfect, însă numai în cadrul textelor simple de telegramă. Deîndată ce stări sufleteşti mai complicate, nuanţe sau subînţelesuri trebuiesc transmise, adică ex-primate prin cuvinte, este necesar ca acestea să fie îmbogăţite cu *conotaţii*. Cuvântul poate naşte *conotaţii* în două împrejurări: ori alăturat altor cuvinte (într-un text al meu spuneam „cuvintele cer cuvinte"), ori rostit de un actor bun cu starea şi intenţia corespunzătoare – altfel el, cuvântul, rămâne o convenţie moartă, văduvită de viaţă. Este adevărat că însăşi în viaţa de zi cu zi cel care se exprimă prin cuvinte, mai ales când doreşte să transmită stări sufleteşti, trăiri mai ample, alătură cuvintelor cuvinte – aşa cum cel mai bine fac striitorii talentaţi – şi chiar le subliniază cu gesturi, tonalităţi adecvate, priviri etc – aşa cum cel mai bine fac actorii buni. În acest fel procedează instinctiv fiecare om, cu mai multă sau mai puţină eficienţă, tocmai pentru a ajuta cuvintele să se îmbogăţească prin conotaţii, nuanţe, sensuri şi înţelesuri mai largi.

Sub aspect emoțional viața umană este însă extrem de complicată și nuanțată. Când este vorba de stări sufletești profunde și foarte intense, cuvintele ce s-ar folosi pentru a le ex-prima și descrie își arată fatal limitele. „Rezervorul" lor potențial de conotații se epuizează, limba leșină în neputință. Au fost foarte puțini scriitorii care au știut să „potrivească" în așa fel cuvintele, încât ele să poată forma o expresie eficientă a marilor trăiri emoționale. Dar chiar cei care au reușit o asemenea performanță, cum de pildă Dostoievski, trebuie să se mulțumească doar cu *sugerarea* acestor trăiri de mare intensitate și complexitate și nu cu o transmitere a lor „sută la sută". Asta deoarece receptarea unei expresii artistice este mereu un *act subiectiv* și, mai ales, deoarece cuvântul este doar un *germene semantic*, o sămânță mai mult sau mai puțin moartă, mai mult sau mai puțin uscată. El este o sămânță ce a fost cândva în spiritul scriitorului o floare vie și care va reînflori, asemănător și totuși puțin altfel(!), în spiritul cititorului. Cuvintele sunt iarna emoției, somnul ei hibernal, iar cititul și înțelesul lor este primăvara emoției. Scriitorul încuie emoțiile sale în cuvinte-iarnă care așteaptă cu răbdare re-învierea lor în primăvara lecturii. Scrisul conservă, cititul naște! Cuvântul condamnă la infidelitate... e drept, la o infidelitate creatoare[4]. În spiritul acestor idei putem spune că viața ca atare este mai puțin *vorbire* decât *trăire* – ea se poate *vorbi* în mult mai mică măsură decât *trăi*. Cuvintele sunt *indicatoare* și nu *desfășurătoare* ale unui moment de viață.

Așa, odată cu leșinul limbii, se naște rolul și însemnătatea cea mare a tăcerii. Odată ce cuvintele au amuțit, tăcerea devine aria de desfășurare, brazda fertilă a unei alte limbi, lipsită de convenții și cu un vocabular ce tinde chiar către infinit. Această limbă este

---

[4] Cele exprimate mai sus în „cheie" poetic-metaforică își găsesc temelia filosofică în lucrarea lui Edmund Husserl *Logische Untersuchungen* II/1-*Ausdruck und Bedeutung* §1-5 și urm., ca și în eseul *Blestemul desenului* din cartea mea *Eseuri numite de autor și panseluțe* ed. Clusium, Cluj-Napoca, 2006.

lumea vie și într-adevăr adevărată a privirilor, a gesturilor și a atitudinilor, a faptelor concrete. Fostul ajutător al expresiei verbale devine astfel *maestrul suprem al limbii vieții*. Mediul său unic, dar și părintele din care s-a născut, este *tăcerea*, lipsa de cuvinte. Ca formă de expresie, acest limbaj nu cunoaște granițe etno-geografice: el nici habar nu are de ce înseamnă a traduce. El este doar limbaj uman ce mult se-aseamănă cu muzica și chiar deloc cu vorba. Limbajul privirilor, al gesturilor, atitudinilor și al faptei concrete este chiar mai liber decât muzica: el nu ascultă de nici o lege matematică a tonalităților și nici de legea armoniei. Singura lui lege este viața însăși, al cărei desen doar el îl poate desena în întregime și nici vreun maestru care s-a născut sau se va naște vreodată pe-acest pământ nu va fi în stare de așa ceva.

Mari creatori de teatru sau film, regizori și mai cu seamă actori, au înțeles perfect importanța și uluitoarele posibilități de exprimare ale limbajului din imperiul tăcerii și au creat adevărate monumente artistice în această tehnică. Din multele ce le-am putea enumera, amintesc rolul văduvei din filmul *Alexis Zorba*, magistral rezolvat de Irene Papas fără a rosti vreun cuvânt, doar tăcând. În neuitatul film *La strada*, Felini a înțeles perfect importanța expresiei născută în și din tăcere, dincolo de cuvânt – dacă el nu ar fi înțeles-o, atunci, cine Doamne! – și a construit împreună cu Giulietta Masina personajul Gelsominei arătând în mare parte numai cum aceasta urmărește, fără cuvinte(!), ceea ce partenerul ei, Anthony Quinn, spune. În sfârșit, pentru a nu lungi prea mult, mai evoc finalul aceluiași film în care Felini îi dă lui Quinn „partea leului" pentru a transmite fără nici un cuvânt rostit o dramă covârșitoare care tulbură orice spectator. Nu cred că există cuvinte, fie și genial „potrivite", pentru a putea traduce întregul univers pe care astfel de momente îl exprimă!

Și în viața cotidiană persoane cuprinse de emoții foarte puternice renunță adesea la cuvinte preferând tăcerea în imperiul căreia se desfășoară lumi întregi de gesturi, priviri și chiar fapte de mare însemnătate. Îndrăgostiții, se știe, dese ori tac îndelung înjghebând un „dialog" doar prin priviri, zâmbete, mici gesturi și semne de nimeni din afară de-nțeles – un roman întreg al fascinației reciproce! Se poate spune: „ei nu mai au cuvinte", dragostea lor nu mai încape în cuvinte. Și, ca să rămânem la cei ce se iubesc, mai e de amintit că întotdeauna *dovada* de dragoste, exprimată mereu prin faptă, este mult mai importantă și convingătoare decât simpatica *declarație* de dragoste, articulată mereu prin cuvinte. Evadarea din comunicarea verbală în tăcerea care înlesnește și hrănește „limbajul" gestului, privirii și al faptei este specifică nu numai la îndrăgostiți, cum am arătat mai sus, ci în toate situațiile în care emoția, trăirea este extrem de puternică; subliniem: indiferent de ce natură sau calitate morală ar fi această emoție (de ex. adevăratul dispreț sau adevărata ură față de cineva nu *se vorbesc*, ci mai curând *se arată*, foarte des doar prin gest și privire, și nici crimele nu se vorbesc, ci, din păcate, *se fac*)!

Rezumăm:
1. Tăcerea înțeleasă ca refuz sau întrerupere subită a comunicării verbale are *semnificații* privitoare doar la cel care nu comunică, sau nu mai comunică, și deci ea *nu posedă valoare intrinsecă* și nici conținut.
2. Introdusă sub formă de pauze în lanțul comunicațional verbal, tăcerea *potențează* valoric cuvintele și capătă astfel o *funcție operativă* rămânând totuși *fără vreo valoare intrinsecă* și/sau vreun conținut.
3. Atunci când comunicarea verbală nu-și mai poate îndeplini misiunea, tăcerea devine *condiția indispensabilă* pentru apariția și desfășurarea altor limbaje, ceea ce dovedește deja o anumită *valoare generatoare potențială* a ei, însă încă nu una *intrinsecă* sau existența vreunui conținut.

Ne având nici *valoare intrinsecă* şi nici vreun *conţinut imanent*, tăcerea nu poate fi decât un *punct zero*. Dar această afirmaţie nu ne ajută mai cu nimic în elucidarea temei textului de faţă. Gândurile se vor împotmoli în non-sens dacă nu ne concentrăm acum pe făptura conceptului de „zero". A sosit aşadar momentul să purcedem la mica noastră excursie în domeniul istoriei matematicii pe care am anunţat-o mai sus[5]. Spunem de la bun început că evoluţia înţelegerii cifrei zero se aseamănă mult cu semantica tăcerii.

***

II-CIFRA ZERO

II-A: ZEROUL „MATEMATIC"

Fiinţa umană, trăind într-un mediu material, concret, aşadar măsurabil, a simţit încă din cele mai vechi timpuri necesitatea de a descrie şi ne-existenţa, absenţa unei cantităţi, adică *golul, nimicul*. Se pare că această noţiune a fost, mai întâi, necesară în calculele astronomice. Aşa începe o fascinantă şi foarte îndelungată aventură epistemologică a conceptului pe care azi îl reprezintă vocabula „zero" şi semnul ei „0". Cât a durat această „epopee" a cunoaşterii şi înţelegerii este greu de spus, deoarece părerile istoricilor matematicii sunt destul de diferite. În orice caz putem vorbi de o durată între 4500 de ani înaintea lui Cristos şi 1202 ani după Cristos – adică aproximativ 5500 de ani! Un segment de timp uluitor!

Este aproape unanim acceptat că acest concept de „nimic" a fost inventat (sau intuit!) în civilizaţia precolumbiană maya unde s-a imaginat un fel de „zero" primitiv ca punct de pornire pentru a

---

[5] Referirile ce urmează se bazează în principal pe lucrarea lui Georges Ifrah, *Histoire universelle des chiffres*, ed. France loisirs, 1995. Demnă de recomandat este şi cartea matematicianului, filosofului şi profesorului de sanscrită american Robert Kaplan, *Die Geschichte der Null* (*Istoria lui zero*), Campus Verlag, Frankfurt/M, 2000.

vizualiza elocvent sistemul numeric pe bază de 20 care era în vigoare în această regiune. Ceea ce noi astăzi înțelegem prin zero era notat în științele culturii maya ca o cochilie sau un melc (vezi spirală crescândă!). Urmau cifrele reprezentate prin puncte, de la unu la patru, iar pentru numărul 5 se scria o linie care, de ex., pentru a arăta numărul 6 avea deasupra ei din nou un punct ș.a.m.d. Centrul melcului însemna *nimic, vid* și nu avea nici o valoare.

Babilonienii foloseau încă în timpuri arhaice (între 1800 și 1500 înaintea lui Cristos) un sistem sexagesimal, adică pe baza cifrei 60 (de ex. cifra de azi 123 se scria 2x60+3, sau de noi cunoscutul 2,05 se scria 2+3/60). Pentru a evita inexactități în calcule, matematicienii din Babilon introduceau în locul a ceea ce numim astăzi zero un mic spațiu liber în enunțurile lor. Abia în anul 200 înaintea lui Cristos acel mic spațiu liber se punea și *după* o cifră, ceea ce îi conferea o *funcție* asemănătoare zeroului cunoscut de noi, *potențând* cifra precedentă. Totuși un „zero" ca atare nu era cunoscut de babilonieni. Rămâne de consemnat că sistemul sexagesimal s-a păstrat, în principiu, până în zilele noastre, de ex. la măsurătoarea timpului (o oră=60 de minute, un minut = 60 de secunde etc.).

Cel mai însemnat salt calitativ în evoluția conceptului numit de noi azi „zero" l-au făcut matematicienii, astronomii și filosofii indieni. Partea filosofică o lăsăm deocamdată de o parte, căci ea are o însemnătate cu totul specială la care vom reveni mai jos. Pur matematic, este de mare importanță faptul că indienii (probabil influențați de sistemul sexagesimal babilonian, cum susțin unii cercetători) au născocit și perfecționat între anii 300 înainte de Cristos și secolul VII după Cristos *sistemul decimal*, valabil, cum se știe, și azi pretutindeni. Astronomul indian Brahmagupta formulează în anul 628 după Cristos chiar un catalog întreg de reguli pentru folosirea a ceea ce numim noi astăzi „zero" și pentru aritmetica numerelor negative. Cartea în care a publicat aceste reguli se numește *Începutul Universului* și este primul text din lume în care zero este tratat ca o cifră. Așa cum au perfecționat indienii sistemul decimal, format din cifrele 0 și 1 până la 9, zero-ul joacă un rol deosebit: nu numai că el, pus *după* o cifră, o *potențează* pe aceasta cu baza decimală 10 (de ex. un 0 așezat după 1 înseamnă de zece ori mai mult decât 1, adică 10, și, din nou așezat în spatele lui 10, înseamnă de zece ori mai mult decât 10, adică 100 ș.a.m.d.) – lucru care se întâmpla în principiu și la babilonieni –, ci, în cadrul operațiilor de substracțiune, el, zero-ul, poate *naște și desemna valori negative* (de ex. 0-1= -1 – adică valoarea negativă a lui 1), ceea ce face din el *cel mai fundamental element al matematicii abstracte* (citat Georges Ifrah – nota 5). Din cele 17 denumiri în limba sanscrită pentru conceptul numit azi „zero" indienii foloseau tocmai pentru această funcție matematică vocabula *śūnya*, ceea ce înseamnă *gol, nimic*. Ifrah numește *śūnya* un *operator aritmetic*.

Pentru a nu lungi prea mult istoria matematică a lui zero mai amintim în grabă că civilizațiile arabe au preluat de la indieni sistemul decimal arătând un interes particular pentru ideea de ne-existent, ceea ce indienii numeau *śūnya*. Arabii au fost cei care au denumit *śūnya zeroh,* de unde vine cuvântul actual „zero". Tot ei au fost aceia care au numit numerele *sifr*, de unde se trage cuvântul „cifră". La o contribuție filosofică deloc neglijabilă a arabilor în ce privește înțelegerea lui zero vom reveni mai jos.

Primul pas înspre Europa făcut de „cifrele indiene" și sistemul decimal s-a petrecut în secolul VII în cadrul Universității din Konstantinopol unde episcopul sirian Severus Sebokht descrie acest sistem, iar mai târziu matematicianul Al Chawarizmi (în al cărui nume este ascuns cuvântul algoritm!) îl face cunoscut în jurul anului 825 în cartea sa *De numero indiorum*.

Abia după anul 1200 ajunge „zeroul" și sistemul decimal indian în Europa apuseană. El nu este introdus în gândirea europeană de Papa Silvester II, cum se crede adesea în mod eronat, ci de matematicianul Leonardo Fibonacci care în urma unei șederi prelungite în Algeria, unde l-a cunoscut pe matematicianul Abū Kāmils și algebra acestuia, descrie sistemul în cartea sa *Liber abaci* apărută în anul 1202. Un export indian în Europa, via lumea arabă!

Pentru a ajunge la semnificația matematică pe care o are astăzi i-au trebuit conceptului de „zero" încă patru sute de ani până în secolul XVII. Dar chiar și după această dată, în cursul a altor trei sute de ani până în prezent, semnificațiile și valențele operative ale cifrei zero cresc, se nuanțează și se rafinează necontenit, înlesnind performanțe științifice și tehnice de-a dreptul uluitoare. Lista acestor performanțe este imensă și, pentru cei ce nu au o temeinică pregătire matematică, greu de înțeles. Amintesc foarte superficial și doar în fugă câțiva matematicieni de mare clasă care nu au fi putut face ceea ce cu atâta strălucire au făcut dacă cifra zero nu ar fi existat, așa cum au perfecționat-o indienii de odinioară[6].

Încep cu matematicianul, astronomul, specialistul în geodezie și fizicianul german Carl Friedrich Gauss (1777-1855). Pe lângă o listă impresionantă de contribuții științifice hotărâtoare – 404 scrieri în domenii ca teoria numerelor, analiză matematică, statistică, astronomie, magnetism, algebră etc. –, Gauss este cel care întemeiază *geometria ne-euclidiană*, considerată ca „adevărata geometrie a spațiului". El a întreprins aceste cercetări independent și totuși oarecum sincron cu cele orientate în aceeași direcție ale matematicianului rus Nicolai Lobacevski și ale lui János Bolyai (născut la Cluj în anul 1802!), cu al cătui tată, Farkas Bolyai (și el

---

[6] Pentru un cunoscător al matematicii enumerarea apare desigur revoltător de incompletă. Cel puțin nume ca Leonhard Euler, Bernhard Riemann, Georg Cantor, Bertrand Russel, Hermann Grassmann sau Henri Pointcaré ar fi trebuit evocate. Nu am purces la acest lucru pentru a nu încărca prea tare eseul cu noțiuni și problematică greu de înțeles pentru cei ce nu sunt matematicieni de profesie. Important rămâne faptul că *toți* cei ce lucrează în domeniul matematicii superioare se folosesc în mod inevitabil de cifra zero, așa cum au înțeles-o la început indienii.

matematician născut în Transilvania şi şcolit mai întâi la Universitatea din Cluj, care acum poartă numele Bolyai), Gauss era prieten apropiat încă din timpul studiilor lor la Göttingen. A fost probabil un capriciu răutăcios al istoriei că geometria ne-euclidiană este atribuită lui Gauss şi nu lui Lobacevski sau Bolyai. E de amintit că geometria ne-euclidiană se ocupă în principal de spaţiile curbe care, aşa cum ştim acum, se găsesc cu preponderenţă în spaţiul interplanetar. Fără înţelegerea acestei teorii nu ar fi fost posibilă nici astronomia modernă şi nici zborul cosmic! ...şi fără cifra zero nu ar fi fost posibile calculele acestor minunaţi savanţi!

Un alt matematician care a contribuit hotărâtor la extinderea semnificaţiilor şi mai ales a valenţelor operative ale cifrei zero este englezul George Boole (1815-1864). El a realizat în anul 1847 o nouă variantă de algebră, numită mai târziu *algebră booleană*, care este de înscris fără dubiu în domeniul logicii matematice. Teoriile lui Boole au fost necontenit perfecţionate de matematicieni ca Ernst Schröder, Giuseppe Peano, Arend Heyring, Marshal Harvey Stone şi alţii, astfel că în zilele noastre ştiinţa dispune, pe lângă mai multe tipuri de algebră booleană, de aşa numita *algebră booleană în două elemente* care este cea mai importantă dintre ele. La baza acesteia din urmă stau elementele: 1 pentru „adevărat" şi 0 pentru „fals" cărora li se adaugă simbolurile de legătură ∧ pentru „şi/AND", ∨ pentru „sau/OR" şi ¬ pentru „nu/NOT". Prin această ultimă frază am enunţat, chiar dacă extrem de simplu şi superficial, baza metodologică a funcţionării oricărui computer existent în această lume!

Mai mult: Cu toate că Francis Bacon a reuşit încă în anul 1605 să facă o codificare a literelor alfabetului bazată pe două cifre, adică în *sistem binar*, sau chiar pe obiecte ce pot avea doar două stări (de ex. o torţă poate fi numai stinsă sau aprinsă), şi cu toate că puţin mai târziu Leibniz a descris în articolul său *Explication de l'Arithmétique binaire* sistemul binar în întregime, folosindu-se chiar de simbolurile actuale 0 şi 1, este meritul lui Claude Shannon de a fi pus bazele teoriei informaţiei în anul 1937. Nu numai teoria, ci mai ales memorizarea informaţiei se bazează pe sistemul binar perfecţionat de Shannon care, la rândul lui nu ar fi fost posibil fără algebra booleană. Sistemul binar funcţionează, ca la Leibniz, doar pe cifrele 0 şi 1, unde fiecare dintre ele înseamnă un *bit*, adică o unitate elementară de informaţie, şi este indispensabil memorizării şi apoi prelucrării maşinale a datelor, de orice fel ar fi ele. Pentru a putea fi memorizat, prelucrat şi eventual transmis, tot ce „intră" într-un computer, fie expresii matematice, fie vorbe scrise, muzică sau imagini, trebuie mai întâi „tradus" în sistem binar (adică în şiruri cvasi nesfârşite de 0 şi 1), ceea ce se numeşte *digitalizare*.

Aceasta a fost pe scurt – foarte pe scurt! – istoria lui „zero" şi însemnătatea lui în matematică. Este evident că fără cifra zero civilizaţia noastră materială de azi nu s-ar fi putut ivi şi dezvolta în forma pe care o cunoaştem şi apreciem. Nu ar exista calculatoare/computere, nici telecomunicaţii pe bază digitală, nici telefoane mobile şi nici motoare de nici un fel – pentru că, fără cifra zero, nu ar fi existat matematici superioare care stau la baza acestora. Probabil că în asemenea circumstanţe civilizaţia noastră ştiinţifică şi materială s-ar fi redus la o aritmetică rudimentară, de şcoală primară, asemănătoare celeia practicată încă în pieţele de legume şi fructe, unde se adună costul roşiilor cu cel al castraveţilor, iar suma lor se scade din valoarea bancnotei oferite ca plată. Atât şi nimic mai mult!

Încercăm mai jos să reliefăm punctele comune ale *tăcerii* cu acelea ale *conceptului de „zero"*, aşa cum evoluează el în matematică. Formulăm următoarele gânduri în strânsă legătură cu concluziile despre tăcere enunţate deja în acest text şi numerotate de la 1 la 3.

    a. Neavând valoare intrinsecă, atât cifra zero, cât şi tăcerea au semnificaţia refuzului oricărui enunţ univoc.

Ambele înseamnă „nimic". Referirea la concluzia Nr. 1 este evidentă.

b. Ca şi tăcerea care, aşa cum am stabilit în concluzia Nr. 2, potenţează cuvintele care o succed sau preced, şi cifra zero, aşezată în spatele sau chiar în faţa unei cifre oarecare (în acest caz cu o virgulă despărţitoare), *operează* asupra cifrei în cauză, mărind sau diminuînd valoarea ei. Aşadar ambele, tăcerea şi zero-ul, *sunt agenţi operatori*, în pofida faptului că, în continuare, nu deţin vreo valoare intrinsecă.

c. În sfârşit, aşa cum am văzut în cazul tăcerii (concluzia Nr.3), care înlesneşte apariţia unui nou limbaj, atunci când cel al cuvintelor şi-a atins limitele, asemănator funcţionează şi cifra zero: ea „înaripează", ca să zicem aşa, aritmetica să devină matematică superioară şi algebră. Fenomenul este şi mai clar odată cu apariţia algebrei booleane şi, încă o dată mai clar, odată cu perfecţionarea sistemului binar. Cifra zero şi tăcerea primesc deja o anumită *valoare generatoare potenţială*. Totuşi şi în aceste circumstanţe ambele nu au încă o valoare intrinsecă, chiar dacă în algebra booleană în două elemente zero înseamnă „fals", sau în sistemul binar el nu mai înseamnă „nimic", ci o negaţie.

Cred că putem spune pe bună dreptate că fiinţele tăcerii şi cea a cifrei zero înţeleasă în sens matematic sunt una pentru cealaltă *corelat*, atât în perspectivă semantică, dar mai ales în perspectivă operaţională. Dacă tăcerea este punctul zero al comunicării verbale, atunci cifra zero în matematică poate fi înţeleasă ca tăcerea oricărui enunţ univoc referitor la mărimi. Nici una dintre aceste două stranii fiinţe nu are valoare intrinsecă şi nici nu se referă în mod direct la lumea exterioară. Tăcerea şi cifra zero sunt doar agenți: prima este un *agent psihologic*, iar a doua un *agent matematic*. Ambele au un înalt grad de abstractizare.

Să fie oare ce a fost spus în acest text despre tăcere și cifra zero chiar tot ce se poate spune despre ele? Nu, cu siguranță nu! Așa cum am amintit de două ori mai sus, „zero" și, prin consecință, cu necesitate și „tăcerea", au o însemnată putere de impact și în domeniul filosofiei. Mai jos vom încerca să schițăm acest aspect. Demersul ne va trimite direct în domeniul metafizicii.

*

II-B: ZEROUL „FILOSOFIC"

O interpretare filosofică a lui „zero" se ivește prima dată în cultura indiană și se continuă în cea arabă, după care ajunge – ca și cifra zero în matematică – în cultura noastră europeană.

Am arătat că zero în limba sanscrită se numea *śūnya*, care însemna *gol, nimic*, ceea ce îi conferea o mare însemnătate matematică. Am lăsat însă de o parte în mod intenționat un amănunt, și anume acela că *śūnya* are originea în conceptul budist *śūnyatā* care înseamnă atât *gol*, cât și *natura iluzorică a fenomenelor*. Prin asta se poate lesne înțelege că în filosofia indiană fenomenele, prin definiție perceptibile(!), au o natură iluzorică și deci, dintr-un anumit punct de vedere, o valoare echivalentă cu *śūnya*, adică zero. Iată primul pas înspre accepțiunea filosofică a ceea ce numim azi „zero". Însă desfășurarea de mare amploare a semnificațiilor filosofice a conceptului de zero o înlesnește un alt cuvânt sanscrit (din cele 17 pentru această noțiune!), și anume vocabula *bindú*, care înseamnă *punct* și/sau *picătură*.

Pentru a putea înțelege corect și în toată profunzimea lor semnificațiile acestui *punct* sau a acestei *picături* numită *bindú*, este necesară o mică incursiune în mitologia veche indiană.

Zeul *Shiva* este unul dintre cei mai importanți zei ai hinduismului, fapt pentru care poartă, printre alte multe nume care i s-au dat, şi numele *Mahadeva*, adică *marele zeu*. El face parte din atotputernicul *trimūrti* (=Trinitatea – ce asemănare cu religia creştină!) formată din *Brahmā, Vishnu* şi *Shiva*. Cu toate că însuşi cuvântul sanscrit *shiva* înseamnă *bun, iertător, prietenos*, zeului *Shiva* i se mai atribuie, pe lângă puterea de a determina toate procesele de transformare, chiar şi aceea de a naşte Universul sau aceea de a-l distruge, însă, mai ales, a distruge neştiinţa (*avidyā*)[7]. Simbolul său este *lingamul*, reprezentat când ca un falus, când ca o coloană de foc şi, dese ori, stilizat ca un triunghi cu unul dintre vârfuri orientat *în sus*. Lingamul lui Shiva simbolizează principiul creator originar. Însă ca zeu al valorilor în opoziţie, Shiva mai poartă în sine pe lângă *lingam*, simbolul masculinităţii, încă un simbol, anume cel al feminităţii numit *yoni* care o reprezintă pe *Shakti*, prima sa soţie. *Yoni*, care de altfel este şi cuvântul sanscrit pentru *organul genital feminin* dar şi pentru *origine, izvor al devenirii*, este reprezentat grafic tot ca un triunghi (vezi triunghiul pubian!), însă orientat cu unul dintre vârfurile sale *în jos*, din care se scurge o *picătură*. Fără dubiu, *yoni* conţine tot ceea ce nu a devenit încă fenomen concret, adică întregul Univers în forma sa încă ne manifestată. Abia atunci când vârful de jos a lui *yoni* se întâlneşte cu vârful de sus a *lingamului* se iveşte Universul, înţeles ca lume manifestată, ca lume a fenomenelor perceptibile. Punctul întâlnirii dintre *yoni* şi *lingam* se numeşte *bindú*. Spre deosebire de *śūnya*, care este, cum am văzut, mai curând un *zero matematic*, *bindú* este fără îndoială un *zero filosofic*.

Înainte de a trece la concluzii şi la interpretarea influenţelor imense pe care acest *zero filosofic*, *bindú*, le exercită asupra întregii spiritualităţi umane, consider necesar să amintesc faptul că oadată cu înfăptuirea Universului fenomenal „misiunea" lui Shiva nu s-a încheiat încă. Pe departe, nu! După „facerea cea mare" *Shiva* apare

---

[7] Martin Mittwede, *Spirituelles Wörterbuch Sanskrit-Deutsch*, Sathya Sai Vereinigung eV. ed. a 4-a, 2003.

ca *Nataraja*, regele dansului. Prin dansul său neîntrerupt Shiva ține și susține Universul în viață, căci dansul lui este dansul perpetuei *transformări*, sau altfel spus a necontenitei *deveniri* – a trecerii de la o stare sau poziție A la alta B ș.a.m.d. În mitologia indiană se crede că dacă Shiva ar înceta să danseze, lumea însăși, Universul, ar înceta să existe. Deja ideea de mișcare/transformare care constituie viața în lumea fenomenală a avut o influență foarte puternică atât asupra lui Heraclit, cât și asupra lui Platon si a altor mulți filosofi până în zilele noastre. Ananda Kentish Coomaraswamy (1877-1947), a cărui mamă era engleză și tatăl un cărturar din Sri Lanka, este poate cel mai avizat interpret și comentator al culturii și filosofiei indiene și în general a culturii din extremul-orient. Despre dansul lui Shiva el spune: *„Semnificația esențială a Dansului lui Shiva este întreită.* **1-** *El este imaginea izvorului tuturor mișcărilor cosmice, reprezentate printr-o arcadă/boltă* (într-adevăr Shiva apare în imagini sau statui adesea dansând înlăuntrul unui cerc). **2-** *Intenția acestui dans este să elibereze mulțimea spiritelor umane de capcana iluziei care le sugrumă.* **3-** *Locul acestui dans, Chidambaram, este centrul Universului și se găsește înăuntrul inimii"*[8].

Mai este de amintit aici că zeitatea Shiva nu apare în textele vedice, ceea ce trezește bănuiala cercetătorilor că ea ar fi la origine una dravidică, adică pre-sanscrită (se știe că limba sanscrită, izvorâtă din cea indo-europeană, a înlocuit-o în India pe cea dravidică).

Pentru a introduce un element anecdotic, chiar picant(!), amintesc faptul că Shiva punea mare preț pe însușirile plantei numită *ganja*, care nu este altceva decât *marihuana*! Ținând cont de acest aspect, cât și de ideea unui dans eliberator de iluzie (de iluzia posesiei materiale – de ce nu?), nu e deloc de mirare că mulți

---

[8] Ananda K. Coomaraswamy, *La danse de Çiva - quatorze essais sur l'Inde*, ed. L'Harmatan, 2000. Recomandăm pentru aprofundare și cartea aceluiași autor numită *Hindouisme et bouddhisme*, ed. Gallimard, 1963.

tineri ai anilor 60-70, aşa numiţii hippy, l-au venerat pe Shiva, iniţiind chiar un cult pentru el.

Adăugăm încă doar câteva cuvinte privitoare la echivalenţa dans-mişcare-viaţă privind atât Universul, cât şi Fiinţa umană, sau fiinţele în general. Acum exact zece ani mi-a fost dat să trăiesc deliciul intelectual de a citi şi apoi a analiza o carte de poezii a prietenului meu Valentin Taşcu, care dealtfel a fost şi un remarcabil prozator şi critic literar, din păcate pretimpuriu dispărut. Volumul se numeşte *Şcoala morţii*[9]. Mai cu seamă poezia *Ghemul de ghiaţă* m-a incitat în mod deosebit. Citat fragmentar (cu sublinierile mele):

> Valpurgică noapte stătea să urle în mine,
> nici lacrimi, nici râs, doar moarte arzândă
> şi *dansul macabru fără mişcare,*
> *fără de muzici,* numai un *ritm bănuit.*

Asocierea morţii cu un „dans" fără mişcare, fără de muzică şi ritm, un „dans" care astfel devine macabru şi, în fond, un *ne-dans*, m-a determinat atunci să scriu un eseu, întins pe ca. 65 de pagini de carte, purtând titlul *Dans, muzică şi moarte*[10]. Iată, foarte pe scurt, concluziile acestui eseu, care cu mare evidenţă se aseamănă cu semnificaţiile dansului lui Shiva, ba chiar le elucidează. *„...muzica şi dansul simbolizează, deopotrivă, viaţa – deci absenţa lor are semnificaţia Morţii". „Câtă vreme Fiinţa ia parte la „dansul" universal, câtă vreme ea se mişcă (în toate accepţiunile posibile ale acestui cuvânt!), ea există. Aici, a exista înseamnă a*

---

[9] Valentin Taşcu, *Şcoala morţii*, ed. Clusium, Cluj-Napoca, 1997.
[10] Vladimir Brânduş, *Eseuri numite de autor şi panseluţe*, ed. Clusium, Cluj-Napoca, 2006. Eseul despre care vorbesc este foarte „încărcat" cu referinţe filosofice, însă în exclusivitate extrase din spaţiul spiritual european. Tocmai de aceea am considerat atunci că ar fi prea mult să leg substanţa textului şi de spiritualitatea orientală. Astfel, nu există în text vreo referire la dansul lui Shiva. Poate că am facut atunci o greşeală!

„dansa" devenirea". ... „încetarea „dansului" înseamnă ruperea Ființei de devenire, vom spune deci că ea pierde devenire, că ea se rupe de legea fundamentală a lumii". ...căci: „Moartea este absurditatea de a nu mai deveni, și pedeapsa cumplită de a nu mai face parte din lume, de a nu mai fi părtaș la armonia ei" (p.222).

Nu numai Ființa umană moare când, cum o artată concluziile adineauri enunțate, „dansul" ei încetează, făcând-o să piardă devenirea, rupând-o de legea fundamentală a lumii, ci, dacă Shiva nu mai dansează, chiar Universul întreg se desparte atunci de legea lui fundamentală, devenirea, și astfel moare și el.

În sfârșit, a sosit momentul să ne reîntoarcem la acel *zero filosofic, bindú*, la semnificațiile lui, dar și la influența lui în spiritualitatea umană.

Spre deosebire de *zeroul matematic*, care în mod constant nu are valoare intrinsecă, *bindú*, înțeles ca *zero filosofic*, poartă în sine prin *yoni*, partea sa feminină, întregul Univers în forma sa încă ne manifestată. Chiar dacă acest „conținut" este unul latent, el reprezintă fără îndoială *valoare*. Valoarea despre care vorbim este una *intrinsecă* și, deoarece principul feminin *yoni* este etern, vom spune că ea este și *imanentă* – ea nu se schimbă și nu părăsește vreodată principiul ei „mamă", care și el la rândul său este invariabil. Dar acest *zero filosofic* conține și *lingamul*, partea sa masculină care simbolizează principiul și energia creatoare originară. Prin atingerea *lingamului* (masculin) cu *yoni* (feminin) – amintesc punctul de întâlnire ale celor două triunghiuri – valorile intrinsece ale lui *yoni* trec din starea latentă în cea dinamică a *devenirii* perpetue, adică se naște Universul, înțeles ca lume a *fenomenelor*. Pe bună dreptate putem numi valența și forța creatoare a *lingamului*, aceea de a da viață fenomenală conținuturilor latente ale lui *yoni*, o *valoare*. Ca în cazul lui *yoni*, și valoarea *lingamului* este una *intrinsecă*, și datorită faptului că principiul masculin este și el etern, valoarea lui este una *imanentă* – căci ea nu se schimbă și nu părăsește vreodară principiul ei „tată", care și el la rândul său este invariabil. Dar, atenție! Deși valoarea *lingamului* este imanentă acestui principiu masculin, ea conferă *transcendență* întregului sistem *lingam-yoni*, adică *zeroului filosofic-bindú*. Asta se datorește în principal faptului că *bindú*, prin componentul său masculin, *lingamul, naște devenirea* eternă, care nu este altceva decât o necontenită *transcendență* a valorilor și calităților în lumea fenomenală.

Conchidem că *bindú* conține și înseamnă atât *imanență*, cât și *transcendență*, că el are mereu o *valoare intrinsecă* și că el este un *zero cauzal* (el *este cauza* devenirii), spre deosebire de cel din matematică (*śūnya*) numit un *zero operator* (el *doar modifică* valorile cifrelor).

Așa cum este el reprezentat – două triunghiuri ale căror vârfuri se întâlnesc într-un punct infinit de mic – și mai ales în lumina dualității semnificațiilor sale (pe de o parte Universul în stare încă latentă, iar pe de alta desfășurarea acestuia în fenomen), *zeroul filosofic-bindú* pare a îngloba în sinea sa doi timpi sincroni(!) și două stări deodată – foarte posibil în raiul mitologic al lui Shiva! Încercând să despărțim în plan mental, doar cu scopuri metodologice, componentele acestei duble făpturi, vom vedea imediat că prima (Universul în forma lui încă ne manifestată – *yoni*) corespunde lumii *posibilităților virtuale*, pentru noi *imperceptibile*, iar a doua (manifestarea/ivirea Universului – datorată *lingamului*) corespunde lumii *concret-existente*, deci *empirice* și pentru noi pe deplin *perceptibilă*.

În pofida faptului că a introduce următoarea idee în mod abrupt și tocmai în acest punct al textului este împotriva oricăror legi sau principii privitoare la alcătuirea unui asemenea eseu, o fac... Trebuie să o fac! Ori de câte ori mi se apleacă gândul asupra sistemului hinduist *lingam-yoni* cu *bindú*-ul dintre ei, sunt purtat infailibil către epocala descoperire a genialului Stephen Hawking potrivit căreia acum 13,7 miliarde de ani întreaga materie și energie a Universului era concentrată într-un punct inimaginabil de dens și inimaginabil de fierbinte, ale cărui dimensiuni erau egale cu zero (*bindú* ?). După Hawking, acest minuscul punct explodează și întregul Univers ia naștere, se desfășoară, expandează atât ca materie, cât și ca Timp și Spațiu. Este vorba de așa-numita teorie a exploziei originare. Abia atunci putem vorbi de o lume fenomenală, perceptibilă și măsurabilă. Este mai mult decât sigur că savantul englez nu a luat ca model viziunea hinduistă – el a ajuns la concluziile sale în principal prin calcule matematice (care conțin și cifra zero!). Dar este tot atât de sigur că ambele modele se aseamănă în liniile lor principale. Să fie sistemul *lingam-yoni* o premoniție *avat, avant, avant... la lettre*?

Totuși, să ne întoarcem acum, așa cum se cuvine, la ordinea logică și cronologică a eventualelor influențe în filosofie pe care le-a avut acel *zero filosofic* despre care vorbim.

Nu știu dacă influențat de filosofia indiană sau nu – la urma urmei nu are nici o importanță! – și Platon înțelegea existența ca fiind compusă din două lumi: 1- cea a *Ideilor*, care sunt *etern existente, fără a fi devenit vreodată*, și care pot fi doar gândite, fapt pentru care au fost numite **νοουμενον** (nooymenon) – de la cuvântul **νόος** (noos) însemnând putere de gândire, înțelegere, rațiune, spirit pătrunzător și 2- lumea *fenomenelor*, care *devin și pier neîntrerupt, fără a fi* (în sens de existență perenă) *vreodată* și care pot fi percepute și privite, fapt pentru care au fost numite **φαινομενον** (phainomenon) – de la cuvântul **φαινω** (phaino) însemnând a aduce la lumină, a face vizibil, a arăta etc. În perspectiva ideii că existența ar fi compusă din două lumi, că ea ar avea două ipostaze, teoria lui Platon se aseamănă cu semnificațiile lui *bindú*. Dar amintind că Platon consideră fenomenele, adică lumea perceptibilă, ca fiind doar *umbrele* lumii Ideilor, ca și proiectate pe un perete, iar la indieni ea este *iluzie*, doar aparență (*rûpadhâtu*), asemănările dintre cele două viziuni devin și mai evidente[11].

Cu toate că mult mai nunanțat și cu mari implicații în teoria cunoașterii și Immanuel Kant merge pe drumuri asemănătoare. Și pentru el lumea fenomenală, perceptibilă, este doar o *apariție* (*Erscheinung*) a *Lucrului în sine* (*das Ding an sich*) care, tot așa ca la Platon, nu poate fi decât gândit și nu perceput.

Arthur Schopenhauer preia parțial sistemul lui Kant (cu toate că în unele puncte intră chiar în contradicție cu el!), mai ales în aspectele pe care acesta din urmă le preia din Platon și care au asemănări clare cu viziunea hinduistă. În sistemul lui, ceea ce Platon numea lumea *fenomenelor*, și Kant cea a *aparițiilor*, este pentru subiectul cunoscător *reprezentare* (*Vorstellung*). Iar ceea ce Platon numea *Idee*, și Kant *Lucrul în sine*, Schopenhauer numește *Voință* (*Wille*) – o voință fundamentală care este în afara Timpului și Spațiului și deci ne supusă cauzalității. Ea este intrinsecă oricărui element existent – ființe vii, dar și lucruri neînsuflețite – conferindu-i însușiri specifice și astfel trecându-l, prin *obiectivare* și individualizare în *principium individuationis* unde, legat fiind acum de Spațiu, Timp și cauzalitate, se oferă, ca fenomen, cunoașterii perceptive, adică primei trepte de cunoaștere[12].

Foarte liber și absolut ne convențional, putem asemui *Voința fundamentală* la Schopenhauer cu *lingamul* – amândouă sunt energii *creatoare a individualizării*, și prin asta *generatoare* a lumii ca *reprezentare* la filosoful german și, respectiv, a *lumii-iluzie* în hinduism.

---

[11] Vezi în Platon: pentru nooymenon-phainomenon mai cu seamă dialogul *Timaios* (27d), iar pentru comparația cu umbrele, *Politeia*, numit și *Res publica* sau *Statul* (514a-522d).

[12] Arthur Schopenhauer *Die Welt als Wille und Vorstellung*, lucrare scrisă în 1819 și în 1844 extinsă.

Mai mult: Dacă acceptăm ideea (şi nu văd vreun motiv să nu o facem) că, pe de o parte, ceea ce conţine *yoni* – Universul în starea sa încă ne manifestată, latentă, deci înaintea atingerii cu *lingamul* –, iar, pe de altă parte, că principiul schopenhauerian al *Voinţei fundamentale* înainte de a se diferenţia şi înainte de a începe „opera" sa de diferenţiere a elementelor existenţei, sunt echivalente şi pot fi denumite *Universalia* (adică un Tot etern, de ne cunoscut), depistăm încă o asemănare importantă între sistemul hinduist şi cel schopenhauerian.

În acest caz se poate aplica lărgit şi cu mare claritate celebra formulă a lui Schopenhauer: *Universalia ante rem, Universalia in re, Universalia post rem*[13]. Atunci, *yoni* şi *lingamul* din hinduism, *Ideile* lui Platon, *Lucrul în sine* la Kant, *Voinţa fundamentală* la Schopenhauer, dar şi acel minuscul punct în care întreaga materie şi energie a Universului este concentrată, cum spune Hawking, ar însemna *Universalia ante rem*. *Manifestarea,* ivirea Universului în viziunea hinduistă, şi chiar şi *dansul lui Shiva* care susţine devenirea perpetuă, *fenomenul* la Platon, *apariţiile* (*Erscheinungen*) la Kant, trecerea prin obiectivare în principium individuationis, deci *reprezentările* la Schopenhauer, dar şi *ivirea Timpului şi Spaţiului prin explozia originară* a Univesului la Hawking, sunt cu toate *Universalia in re*. În sfârşit, cunoaşterea aprofundată a acestor două Universalii (*ante-* şi *in re*), egal prin ce metode ea se săvârşeşte, este *Universalia post rem*, articulată mereu de cel ce gândeşte prin concepte.

---

[13] Universalul anterior/*aprioric* lucrurilor (vezi fenomenului), Universalul în lucru (fenomenalizat) şi Universalul posterior/*a posteriori* lucrurilor (fenomenului), care înseamnă conceptul, în sens de treaptă superioară a înţelegerii şi cunoaşterii. Derivat al cuvântului *res, rei*, care originar însemna *avere, posesie* şi chiar *cauză juridică*, *re* desemnează în limba latină *lucrul care există*, *obiect*, *realitate*. În această accepţiune este el întrebuinţat de Schopenhauer.

Probabil că în tot acest lanț de idei, de la indieni la Schopenhauer, nu este vorba neapărat de influențe și de preluări, ci, mult mai curând, de o dezvoltare firească a gândirii umane referitoare la o temă – cea a ivirii și alcătuirii existenței în general –, al cărei punct de pornire este, cu siguranță, filosofia indiană în referință la *bindú-zero filosofic*. De asemeni foarte firesc a fost și faptul că indienii de odinioară au luat ca model pentru sistemul lor ivirea oricărei ființe vii, care este întotdeauna datorată atingerii a două elemente extrem de mici, vezi celule. Așadar originea sistemului este una *pragmatică*, un pragmatism care răzbate, mai mult sau mai puțin, prin toate gândirile pe această temă ce au urmat.

*

II-C: ZEROUL „ABSOLUT"

Este în afara oricărui dubiu faptul că matematicienii și filosofii arabi au cunoscut textele indiene privitoare la matematică în general și deci și la conceptul de zero, înțeles atât ca *śūnya*, interpretat de noi ca *zero matematic*, cât și ca *bindú*, numit de noi *zero filosofic*. Totuși în comentariile referitoare la zero în lumea arabă se vorbește des, foarte des(!), despre *neant*. Ba chiar filosofii musulmani numeau cifra zero un *„neant creator"* sau *„neant supra esențial"*. Amintim că neantul este conceptul pentru *absența absolută* și nu trebuie confundat cu *vidul* sau *golul*, care desemnează *absența unei valori*, cum de ex. o face *śūnya-zeroul matematic*[14]. Ne întrebăm: Ce temei are interesul imens al filosofiei arabe pentru zero, odată ce se știa deja de la indieni ce înseamnă el? Înțelegeau

---

[14] Demonstrația pentru evitarea confuziei *neantului* cu *vidul* este: în vreme ce vidul este inexistența oricărui element într-un spațiu dat, neantul este inexistența chiar a spațiului însuși. De ex.: dacă se extrage orice conținut dintr-un recipient, inclusiv aerul, se va putea vorbi de *vid, gol*, deci de un *zero* și *nu de neant*, despre care s-ar putea vorbi abia atunci când însăși spațiul și nici recipientul nu mai există.

gânditorii arabi altceva – sau mult mai mult?! – prin *zero-neant-supraesenţial* decât au înţeles indienii prin *śūnya* sau *bindú*? Deşi nu sunt în stare să fac referinţe precise la texte arabe, mă încumet, nu fără anumite riscuri ştiinţifice, să emit ipoteza potrivit căreia filosofii musulmani s-ar fi întrebat şi ce se află *înaintea* sau, altfel spus, *dincolo* de un zero în sens matematic şi chiar în sens filosofic aşa cum l-au înţeles indienii. În acest caz răspunsul nu poate fi decât *neantul*, care, astfel văzut, poate fi numit şi un *zero absolut*. Această întrebare, ca şi presupusul răspuns, a înlesnit conceptului de neant o „carieră" surprinzătoare în gândirea filosofică, atingând punctul ei culminant în filosofia existenţialistă, mai cu seamă odată cu însemnata carte a lui Jean-Paul Sartre *L'être et le néant*.

Dar mult înainte de a fi ajuns în secolul XX, *neantul supraesenţial* al arabilor, numit de noi şi *zero absolut*, a fost modul de a exprima misterul *ininteligibil* şi *intangibil* al unui Dumnezeu ascuns – *Deus absconditus*. Cum se ştie, ideea unui Dumnezeu ascuns a fost rostită mai întâi de Sfântul Augustin (354-430) şi apoi preluată în secolul XVII de filosoful şi matematicianul francez Blaise Pascal.

În apropiată vecinătate cu ideea de *Deus absconditus*, însă cu mai multă evidenţă în legătură cu conceptul de neant, sau chiar înlesnită de acesta(!), este ideea filosofului şi teologului german Meister Eckhart (1260-1327) despre *Dumnezeu* în raport cu *Divinitatea*, vezi *Esenţa Divină* (ger. *Gottheit*, fr. *Déité*). „*Divinitatea şi Dumnezeu sunt atât de diferite ca cerul şi pământul*", cum spune un comentator al operei filosofului. Acest raport se alcătuieşte la Eckhart în felul următor. Pe de o parte: *Dumnezeu* este un *obiect al cunoaşterii*, şi anume nu numai prin revelaţie (credinţă), ci neapărat şi *prin raţiune*; căci el are *însuşiri* (bunătate, înţelepciune, milă etc) şi apare ca *divizat* în trei unităţi (Trinitatea: Tatăl, Fiul şi Sfântul Duh). Pe de altă parte: Divinitatea, *Esenţa Divină, nu poate fi obiect al cunoaşterii*, căci ea *nu are însuşiri* particulare prin care ar putea fi definită şi nici *nu poate fi divizată*, căci ea este o *Unitate absolută*, o supra-fiinţă (ein überseiendes Sein) *supra-ordonată lui Dumnezeu* şi care, ca *Unitate*, este originea *Totului* (aici nu poate trece neobservată influenţa neo-platonicismului!). *„Ascunsa beznă a invizibilei lumini iradiată de eterna Esenţă Divină este necunoscută şi va rămâne mereu de ne cunoscut"*, conchide filosoful[15].

Meister Eckhart aşează *Esenţa Divină* pe acelaşi plan cu *Ideile* la Platon şi, în predica 109, chiar îndeamnă credincioşii *„să nu se oprească la Dumnezeu, ci să răzbească (durchbrechen) înspre Divinitate"*. Dacă ar fi aşa, totul ar părea relativ simplu, căci, se ştie, atât *Ideile* la Platon, cât şi echivalentul lor kantian, *Lucrul în sine*, sunt *cognoscibile* prin raţiune (deşi imperceptibile!). Însă, analizând mai atent ciudata frază de mai sus, care are chiar o anumită notă esoterică!, – o beznă ascunsă a unei lumini invizibile care *nu poate fi cunoscută niciodată!* –, se iveşte bănuiala că *Esenţa Divină* are la Eckhart mai curând puncte de incidenţă cu *„neantul creator"*, *„neantul supraesenţial"* intuit de arabi şi numit de noi *zero absolut* decât cu Ideile lui Platon. E vorba aici de o *poziţie supra-ordonată* atât a Esenţei Divine (Divinitatea dinaintea lui Dumnezeu!), cât şi a neantului în comparaţie cu Ideile platoniciene sau Lucrul în sine la Kant. Revenind pentru o clipă la formula lui Schopenhauer vom spune că dacă Ideile la Platon, Lucrul în sine la Kant şi Voinţa la Schopenhauer sunt, cum am văzut, *ante rem*, atunci atât *neantul supraesenţial* la arabi, cât şi *Esenţa Divină* la Eckhart sunt, cu siguranţă, *ante, ante rem*. O salvatoare şi totodată tristă, deznădăjduită evadare în *intangibil* şi *ininteligibil* pe care subiectul gânditor e nevoit să o facă?

---

[15] Meister Eckhart, *Predici în limba germană* (Nr.51). Aici se cuvine să amintim că Meister Eckhart (pe numele lui adevărat Johann Eckhart) a avut un aport important la formarea limbii filosofice germane şi că el este considerat adesea ca fiind primul filosof german de importanţă. Mai adăugăm că, la vremea sa fiind foarte curajos şi înnoitor în gândire, el a fost acuzat de erezie.

Impulsionați și apoi mânați și susținuți fiind de însemnătățile cifrei zero – pentru mine o cifră magică! – am reușit să facem o plimbare spectaculoasă prin istoria spiritualității umane, întinsă pe mai multe mii de ani, poposind pe unele puncte extrem de importante ale ei. Cu această ocazie am reușit să descifrăm chiar trei feluri de zero: unul *matematic*, altul *filosofic* și, în sfârșit, un al treilea *absolut*. Am stabilit că *zero-ul matematic* se aseamănă cu *tăcerea*, înțeleasă ca întreruperea sau refuzul comunicației verbale inter-umane; că cele două sunt chiar *corelate* în perspectivă semantică și, mai ales, în perspectivă operațională. Cred că este corect așa.

***

III-LINIȘTEA

Întrebarea care se pune acum, este dacă *tăcerea* poate avea ceva comun cu *zero-ul filosofic* și cu cel *absolut*, care, așa cum am văzut, au însemnătăți ce se referă la concepte foarte profunde ale gândirii și înțelegerii existenței. Răspunsul vine de îndată și este un hotărât NU! Tăcerea în cadrul comunicației verbale inter-umane nu are, nu poate avea nimic comun cu conceptele fundamentale ale existenței.

Dacă însă vom cosidera *tăcerea* ca a fi primul pas înspre *Liniște*, situația se schimbă radical. Pentru a da temei unei asemenea afirmații este necesar mai întâi să clarificăm ce înțelegem prin Liniște.

Liniștea apare doar atunci când „gălăgia lumii" încetează, sau se face (se *poate* face!) abstracție de ea. Este vorba de „gălăgia lumii" în manifestarea ei ca fenomen. E drept, orice fenomen are o sumedenie de calități și însușiri, multe dintre ele *esențiale*, hotărâtoare pentru percepția și apoi înțelegerea lui. Dar unul și același fenomen are și o altă serie de însușiri pe care le-am putea numi *colaterale*, datorită faptului că ele nu sunt esențiale și deci ne hotărâtoare pentru înțelegerea ființei lui intime[16]. Numesc aici suma tuturor însușirilor *colaterale*, ale tuturor fenomenelor, *gălăgia lumii* sau *zgomotul* ei. Este clar că nu e vorba numai de zgomotul sau gălăgia în sens *acustic* ci, mai cu seamă, în sens *valoric*. În încercarea lor de a ajunge la însușirile *esențiale* ale unui fenomen, oamenii gândirii profunde trebuie să facă abstracție de însușirile lui *colaterale*, altfel spus, să elimine din tabloul de ansamblu al manifestării unui fenomen exact „zgomotul" sau „gălăgia" acestuia, atât în sens *acustic*, cât și, mai ales, în sens *valoric*, adică să *separe esențialul de secundar*. Acest act este echivalent cu instaurarea unei *Liniști*. Gândirea profundă poate avea loc numai în contextul *Liniștii*! Mai mult: în cadrul gândirii și cunoașterii profunde, sensului *acustic* și celui *valoric* al Liniștii i se adaugă și un sens *psihologic*. Subiectul cunoscător nu poate înfăptui actul de cunoaștere fără o anume deliberare interioară, fără o anume tihnă, ambele numite *Liniște sufletească*. *Tăcerea*, care așa cum am văzut este întreruperea sau refuzul comunicării inter-umane prin cuvinte, este *prima silabă a Liniștii*. Asta deoarece cuvintele pot degenera adesea și foarte ușor(!) în zgomote sau în pură gălăgie. Omul vorbește mult mai mult decât comunică! Gradul superior al tăcerii este deci Liniștea. Iar Liniștea este condiția *sine qua non* a meditației. Poate că tocmai din aceste cauze Nietzsche spunea că cel care caută un înțelept, îl va găsi doar în deșert.

Așa cum înțelegem aici conceptul de *Liniște*, el nu este de asimilat într totul cu cel grecesc de *ataraxie*, căci acesta din urmă,

---

[16] Pentru a exclude orice neclaritate dau aici un exemplu intenționat banal: *esența* făpturii unui automobil este aceea că el transportă persoane de la un punct la altul mai repede și mai comod decât acestea ar ar putea să o facă deplasându-se prin mijloace proprii, de pildă alergând. Faptul că automobilul face și zgomot, emite gaze, poate omorî pe cineva, este scump sau ieftin, are culoarea cutare sau cutare etc. sunt numai *însușiri colaterale* făpturii lui, deci din punct de vedere semantic și *mai ales* filosofic *gălăgie* – adică nesemnificative.

încă de la Democrit încoace, se referă mai cu seamă la sfera eticii, însemnând un mijloc pentru a ajunge la fericirea sufletească. Însă atunci când Epicur spune că *ataraxia* înseamnă *a se elibera de influenţe exterioare* şi a deveni autarc (în gândire) apar vădite similitudini cu ceea ce înţelegem aici prin *Linişte*. Poate că traducerea în latină a cuvântului *ataraxie* – *tranquillitas animi* – se apropie şi mai clar de *Linişte*. Astfel, putem afirma că în vreme ce *ataraxia* este un termen al *eticii*, *Liniştea*, cum o interpretăm noi, este mai curând unul al *epistemologiei* (cunoaşterii).

Ca să ne exprimăm poetic, vom spune că *abia atunci când se instaurează Liniştea „se aude iarba crescând"*. Asta înseamnă că se aude *sunetul esenţial al fenomenelor*, acel sunet de dincolo de zgomot şi de dincolo de gălăgie. Nu puţini au fost poeţii, filosofii şi chiar oamenii de ştiinţă care au susţinut că ar exista o relaţie, da, chiar o „punte" între existenţa în forma ei încă ne desfăşurată în fenomen, adică tot ce este *ante rem* (Dumnezeu-tatăl, Ideile, Lucrul în sine, Voinţa fundamentală etc) şi fenomenele ca atare, prin definiţie perceptibile. Această punte apare sub forma vibraţiilor şi este *sunetul esenţial al fenomenelor*. Oamenii de ştiinţă descoperă încă, şi vor mai descoperi, o sumedenie de tipuri de vibraţii care, prin lungimea de undă specifică şi/sau frecvenţa lor sunt atribuite/corespund unuia sau altuia din materiale, lucruri sau chiar fenomene existente. Schopenhauer susţine că muzica este singurul mod de exprimare directă a Voinţei fundamentale, *ante rem*. Şi poeţi de talia unui E.T.A. Hoffmann, Novalis, Rilke sau Paul Celan vorbesc de un *sunet originar* care este *„ca şi cum adevărul însuşi ar ajunge printre oameni în mijlocul vârtejului metaforelor"* (Celan), sau *„neîntrerupta vestire din linişte născută"* (Rilke). În sfârşit, şi în lumea religiilor se crede în existenţa unui sunet originar ca nemijlocită exprimare a zeităţii. Preoţi din toate cultele *incantează* cuvinte sau expresii-cheie pe un anumit ton, care se numesc *mantre* şi care constituie puntea spre originar, spre zeitatea supremă şi ea, cum am văzut, situată undeva înaintea fenomenelor, adică, din nou, *ante rem*. Mantrele sunt simboluri ale sunetului originar, ele sunt, aşa cum spune înţeleptul indian lama Anagarika Govinda *„uneltele spiritului"*. Cea mai evidentă şi celebră *mantră* este silaba *Ommmm* în religiile indiene şi tibetane; însă şi în religiile creştine există *mantre* ca: *Amin, Ave Maria, Aleluia, Osanna* şi *Kyrie Eleison*. Joachim-Ernst Berendt (muzicolog) a scris pe această temă o carte care a surprins şi entuziasmat nenumăraţi gânditori (Peter Sloterdijk o recomandă cu stăruinţă!). Cartea se numeşte *Nada Brahma - die Welt ist Klang*[17] (*Sunetul lui Brahma - lumea este sunet*, unde *nada* înseamnă în sanscrită sunet, iar Brahma este zeul care, alături de Vishnu şi Shiva, formează Trimurti-ul). Prin nenumărate şi neaşteptate referinţe şi analize, cartea convinge fără a lăsa vreun dubiu, că într-adevăr originile lumii se articulează prin sunete, care de altfel stau la baza ivirii muzicii şi a vorbirii. Pentru a sublinia eficienţa spirituală a mantrelor în raport cu cea foarte redusă a cuvintelor, Berendt introduce printre altele şi un citat din Goethe: *„Mi-este imposibil să preţuiesc atât de-nalt cuvântul / Trebuie să îl traduc altfel."* (*Faust* - trad. liberă). Este de subliniat că Goethe nu cunoştea mantrele, dar, trebuind să traducă cuvântul *altfel*, a *simţit nevoia* lor! Mai adăugăm că nici *sunetul originar* auzit de poeţi şi cu atât mai puţin *mantrele*, nu pot fi posibile fără *Linişte*, în toate cele trei sensuri ale ei: acustic, valoric şi psihologic. Poezia cere la ivirea ei Linişte şi rugăciunea cu atât mai mult! Nu întâmplător Shiva este şi patronul practicilor *yoga*, exerciţii şi tehnici de meditaţie care încearcă să instaureze *Liniştea spirituală – tranquillitas animi*.

Liniştea, în sensul ei acustic, valoric şi psihologic, este drumul către *zeroul filosofic* şi, poate, începutul drumului – imposibil de parcurs în întregime! – către *zeroul absolut*. În *Linişte*,

---

[17] Joachim-Ernst Berendt, *Nada Brahma - die Welt ist Klang*, Rowohlt Taschenbuch Verlag, Hamburg, 1985. A 17-a (!) ediţie a apărut în 2001, Insel Verlag, Frankfurt am Main.

atunci când omul tace și chiar și „gălăgia" întregii lumi nu mai ajunge la spiritul care gândește, se poate desluși și sunetul originar și „glasul" cel ascuns a tot ce-n lumea asta este. Abia atunci „vorbesc" Esențele!

Ne fiind fenomen, ci doar o stare spirituală, imposibil de măsurat și imposibil de descris, *Liniștea* nu numai că este drumul către zeroul filosofic, ci chiar *aparține* acestuia și astfel se încadrează și ea în lumea *ante rem*.

Am arătat câteva pagini mai sus, că *tăcerea este corelatul psihologic al zeroului matematic*, ambele fiind doar *agenți operatori*. A sosit acum momentul să spunem că *Liniștea este corelatul spiritual al zeroului filosofic*, ambele fiind *generatoare* și *cauzale*.

Prin faptul că *Liniștea* înlesnește accesul la lumea dinaintea fenomenului, ea dovedește *înțelepciune*, ea este strâns legată de aceasta! *Înțelepciunea* nu poate exista fără *Liniște*, iar *Liniștea* are, fără îndoială, *înțelepciune*.

Doamne, dă-ne nouă astăzi Înțelepciunea Liniștii, căci numai prin ea putem ajunge mâine la Liniștea Înțelepciunii!

Am lucrat la acest eseu în zilele de dinaintea și de după aniversarea mea de 65 de ani. Scriindu-l, am fost neîntrerupt logodit cu Liniștea, arzând totuși pe rugul temei ce mi-am ales-o. În acest timp dispăruseră și murele și coarnele deodată. Pe semne se pregăteau și ele, aidoma cuvintelor, să-ntâmpine zăpada-Liniște, ce tocmai își anunța venirea.

Vladimir Brânduş — *O Voltă*

Culoare și Ființă

I - INTRODUCERE

Lumea se înfăţişează fiinţei umane în toată măreţia ei incomensurabilă, în toată diversitatea şi frumuseţea ei. Lumii îi este fiinţa umană absolut indiferentă. Lumea poate exista şi fără fiinţa umană! Raportul însă nu este reciproc: Fiinţei umane nu-i este lumea deloc indiferentă. Fiinţa umană nu poate exista decât *în* şi *prin* lume – ea face parte din ansamblul ei! Cu alte cuvinte: Lumea nu depinde de fiinţa umană, însă fiinţa umană depinde de lume.

Tocmai din această cauză, chiar din prima „clipă" după apariţia ei, fiinţa umană – înţeleasă şi denumită aici, ca şi în paginile ce urmează, ca *subiect – a vrut* şi *a trebuit* să cunoască mediul ei (Lumea) de care ea depinde. Procesul de cunoaştere a lumii – înţeleasă şi denumită aici, ca şi în paginile ce urmează, ca *obiect* – a durat de la începutul existenţei subiectului şi va dura tot atât cât va dura existenţa acestuia. Numai prin amploarea şi profunzimea procesului de cunoaştere, subiectul uman a reuşit să realizeze emanciparea sa uluitoare faţă de alte fiinţe vii. Inutil să repertăm că facultatea omului de a gândi, şi deci de a cunoaşte, este diferenţa specifică între el şi animale şi totodată punctul esenţial de definire a lui – „blazonul" lui de onoare.

Procesele extrem de complexe prin care are loc cunoaşterea constituie obiectul *filosofiei cunoaşterii* care este, fără îndoială, una dintre cele mai importante ramuri ale filosofiei. În acest text nu vom intra de la bun început în domeniul filosofiei cunoaşterii (o vom face mai jos şi numai tangenţial, raportat direct la una sau alta din temele abordate).

Ca introducere în tema noastră ca atare – culoarea – este însă necesar să semnalăm că a cunoaşte nu înseamnă mereu acelaşi lucru, cum este cazul în limbajul de zi de zi. Există o cunoaștere la nivel *fizic* și alta la nivel *metafizic*. Prima are ca țel cunoașterea lumii în manifestarea ei fenomenală concretă, materială, iar a doua are ca țel întrucâtva înțelegerea semnificațiilor acestei cunoașteri, ideile ce se desprind din ea. Îndeobște cunoașterea la nivel fizic, senzorial și nemijlocit, este până la un punct condiție indispensabilă celei de-a doua cunoașteri, cea metafizică. Am spus „până la un punct" deoarece cunoașterea metafizică își alege des și țeluri care nu mai au la originea lor lumea fizică a fenomenelor.

Mai e de amintit și faptul că există și cunoașterea *științifică*, ce are și ea ca țel îndeobște aspectul fizic al lumii fenomenale manifestate, dar ale cărei rezultate diferă din punct de vedere al conținutului de cele ale cunoașterii cotidiene și și de cele ale cunoașterii filosofice (atât la nivel fizic cât și, mai ales, la cel metafizic)[18].

Din punctul de vedere al *perspectivei* demersului cunoașterii se pot diferenția chiar trei feluri de cunoaștere: una *macro*-scopică (poate fi numită și *tele*-scopică), alta *mezzo*-scopică și o a treia *micro*-scopică. Este evident că domeniul cunoașterii/privirii/perspectivei *macroscopice* nu mai este lumea noastră, fizic-palpabilă, ci Universul, spațiile interstelare, petele „negre", antimateria etc. etc. Tot atât de evident este faptul că perspectiva/privirea *microscopică* are ca domeniu „infinitul mic" al lumii noastre fizic-palpabile, iar termenii ei se numesc atomi, electroni, protoni, quante etc. etc. În sfârșit, este din nou evident că atât perspectiva macroscopică, cât și cea microscopică cad sub incidența conceptului de *cunoaștere științifică*. Privirea/perspectiva *mezzoscopică* are și ea ca domeniu, asemenea celei microscopice, lumea

---

[18] În vol. I al unei interesante culegeri de texte sub titlul *Philosophie de l'esprit* (Paris, ed. Vrin, 2012), W. Sellars face în eseul său *La philosophie et l'image scientifique de l'homme* (p.55-115) o diferență foarte interesantă și subtilă între *imaginea manifestată* a lumii și cea *științifică* a ei.

noastră fizic-palpabilă, însă nu mai este de factură exclusiv științifică în sensul că nu folosește mijloacele și tehnicile de investigație tipice ale științei, ci se susține în mare parte pe facultățile noastre naturale de *percepție* și *gândire*. *Subiectul* în forma lui *naturală* și mai ales cu posibilitățile lui *naturale* este singurul operator al demersului cunoașterii în perspectivă *mezzoscopică*. Tocmai de aceea filosofia cunoașterii pornește de la rezultatele cunoașterii mezzoscopice – căci ea dorește să elucideze cunoașterea *umană*, cunoașterea *obiectului* de către *subiect cu și prin înzestarea sa specifică*. În această lumină aporturile demersurilor cunoașterii științifice (cea ca atare, cea macroscopică sau microscopică) sunt binevenite, foarte importante, corectiv-orientative, dar în perspectivă umană doar adiacente. (Pe parcursul eseului vom vedea câteva dintre fructuoasele „colaborări" ce pot avea loc între diferitele tipuri de cunoaștere)

Pentru a face o legătură directă cu tema noastră, schițăm mai întâi etapele cunoașterii în spiritul lui Immanuel Kant: **1**- *sensibilitate/senzație* (contactul nemijlocit cu obiectul dat de lumea empirică, ceea ce în limbaj actual înseamnă *percepție*) → **2** - *intuiție* (definirea spațio-temporală, ceea ce echivalează cu înțelegerea) → **3** - *categoriile* (formele „constitutive" ale gândirii) → **4** - *judecățile* (analitice și sintetice) → **5** - *Ideile*.

Orice demers care nu începe cu și nu se bazează pe intuiția sensibilă, pe experiența empirică, nu are valabilitate, nu conduce spre cunoaștere. A se folosi de pretinse cunoștințe din afara câmpului experienței reprezintă în plan teoretic o depășire himerică a limitelor rațiunii. Kant numește aceasta *Schwärmerei* (= entuziasm, exaltare), care conduce spre fanatism și dogmatism. Citat: „*...orice rațiune nu poate trece niciodată de câmpul experienței posibile ... menirea acestei supreme facultăți de cunoaștere nu este decât de a se servi de toate metodele și principiile ei pentru a pătrunde până în intimitatea naturii ... dar niciodată de a depăși* *limitele ei, în afara căreira nu există* **pentru noi** (subl. autorului) *nimic decât spațiu vid"* (C.R.Pur. 730)[19]. *„A voi să vezi ceva dincolo de limitele sensibilității ... este o nebunie"* spune filosoful în aceeași monumentală lucrare. Deși principiile enunțate sunt valabile și pentru cunoașterea științifică, ele se adresează în acest context mai cu seamă punctului 1 – contactul (sensibil) nemijlocit cu obiectul, adică *percepția*.

În textul nostru ne interesează în mod stringent tocmai punctul 1 al schiței etapelor cunoașterii și anume *percepția* și *senzația* pe care aceasta o produce *în subiect*. În astfel de condiții apare oportun să rescriem prima frază din prezenta lucrare, însă îmbogățită și nuanțată:

Lumea se *oferă percepției* umane în toată măreția ei incomensurabilă, în toată diversitatea și frumusețea ei. Acest fapt este șansa *subiectului* de a cunoaște *obiectul* său (Lumea)!

Dintre toate percepțiile pe care un subiect în stare normală (adică fără anomalii funcționale de care nu ne vom ocupa în acest eseu) și în stare de veghe le poate avea, cele care se adresează *simțului văzului* sunt cele mai fracvente și, probabil, cele mai însemnate. În cazul percepțiilor lumii empirice omul este mai întâi de toate „un ochi". Deși foarte importante, și de multe ori hotărâtoare, celelalte feluri de percepții – auditive, tactile, olfactive și gustative, pentru a le numi doar pe cele mai cunoscute – afectează din punct de vedere cantitativ mult mai puțin (vezi: mai rar) aparatul perceptiv uman. Într-adevăr: percepem tactil un obiect doar dacă îl atingem, ceea ce se întâmplă destul de des în fiecare zi, dar totuși nu atât de des ca atunci când privim/vedem ceva – adică neîntrerupt întreaga zi. La fel este cu percepțiile auditive: și ele

---

[19] „C.R.Pur." înseamnă *Critica rațiunii pure*, iar cifra ce urmează este numărul paginii din ediția a II-a (B), revăzută de Kant și apărută la Riga în 1787. Am folosit excelenta traducere a lui Nicolae Bagdasar și a Elenei Moisiuc apărută în editura științifică, București, 1969.

sunt foarte frecvente, dar nu neîntrerupte cum sunt cele vizuale. Percepțiile gustative și olfactive (dese ori îngemănate) sunt prezente doar de câteva ori pe zi, spre deosebire de animale pentru care, mai ales percepțiile olfactive, sunt mult mai nuanțate și ascuțite decât la om și constituie chiar instumentul principal de contact cu lumea, așa cum pentru ființa umană sunt, fără îndoială, percepțiile vizuale. Este de remarcat că toate aceste cinci feluri de percepții nu rare ori „colaborează" între ele, îndeobște confirmându-se reciproc.

Important este faptul că percepțiile vizuale la om sunt foarte nuanțate. Fără prea mare risc de a greși putem împărți percepțiile vizuale umane în trei categorii: **A** - percepția *formelor*, **B** - Percepția *intensității luminii* și **C** - percepția *culorilor*.

În perspectiva etapelor cunoașterii în spirit kantian *percepția formelor* (**A**) are o eficiență deosebită. Ea înlesnește rapid trecerea spre punctul 2 al procesului cunoașterii, adică spre intuiție, vezi definirea spațio-temporală care, cum am văzut, echivalează cu *înțelegerea*, însă înlesnește și percepția *mișcării* și a *vitezei*. Mai mult: în cazul percepției formelor se poate trece nemijlocit și mai departe către punctul 3 al procesului cunoașterii, vezi formele constitutive ale gândirii. Cu alte cuvinte putem spune că în cazul formelor se trece foarte repede de la *percept* la *concept univoc*. Drumul spre *judecățile* analitice și sintetice (4) și chiar cel înspre punctul final, *Ideile* (5), pare a fi deschis. Și este! Iată un exemplu pe cât de banal, pe atât de evocativ: Obiectul masiv pe care îl privesc prin fereastra camerei mele de lucru este o casă. Îmi dau seama de acest lucru prin *forma* sa, care în nici un caz nu m-ar conduce spre ideea că aș percepe o cisternă enormă sau un munte. Prin *formele* care constituie structura fațadei casei realizez că aceasta este din cărămidă aparentă. La o privire și mai atentă văd că în fiecare din aceste mici dreptunghiuri ale cărămizilor se află multe adâncituri minuscule, care sunt și ele *forme*, și care mă conduc la ideea că suprafața fațadei este zgrunțuroasă si nicidecum netedă. Iată mai multe concepte – casă, cărămidă aparentă și suprafață zgrunțuroasă – la care ajung aproape instantaneu prin *formele* percepute. Dacă aș fi privit un automobil mi-aș fi putut da seama imediat prin *forma* lui că ceea ce privesc este un automobil și nu un tractor, dar și, datorită punctului 2 al cunoașterii (definirea spațio-temporală), de faptul dacă este sau nu în mișcare și chiar cu ce viteză (aproximativ!). Teoretic apare foarte firească legătura aproape instantanee percept-concept în cazul percepției formelor căci, se știe, orice formă bi- sau tridimensională este indisolubil legată de Spațiu (ea ocupă Spațiu), iar acesta din urmă nu este de conceput decât în legătură cu Timpul. Iată, în „trinitatea" – Formă-Spațiu-Timp – sunt deja îndeplinite condițiile indispensabile ale unei cunoașteri (teoretice!) dincolo de percepție, în domeniul conceptelor. Nu trebuie dată uitării ideea că legătura dintre *percepție* și *concept univoc/sigur* este posibilă în cadrul percepției formelor doar cu ajutorul unor cunoștințe *a priori* (spune Kant), deci cu ajutorul memoriei și, în ultimă instanță, cu ajutorul experiențelor trecute.

În cazul *percepției intensității luminii* (**B**) lucrurile se relativizează cu evidență. Deși gradele valorice ale gamei dintre beznă totală (absența luminii) și lumină de intensitate maximă (să zicem la limita capacității ochiului uman) sunt cvasi infinite în ce privește numărul lor, drumul *percepției* către un *concept univoc*, deci sigur, nu poate avea decât două destinații: *lumină* și/sau *întuneric*. Nuanțele sau gradele intermediare nu găsesc concepte *univoce*, ci doar *echivoce* cum ar fi „ceva mai întunecat", „lumină orbitoare" „semi obscur" – cu toate foarte dependente de sistemul „personal" de valorificare al subiectului, deci absolut imprecise și chiar sugerând un soi de „folclor științific". De remarcat și de apreciat este însă că datorită gamei de luminozitate percepția unei imagini apare ca fiind „reliefată" („jocul" între umbră și lumină), ceea ce constituie un plus de calitate și informație deloc neglijabil. (Abordând anatomia ochiului uman vom reveni la această problemă)

În cadrul *percepției culorilor* (**C**) lucrurile se arată a fi și mai ambigue. Spunem de la bun început că *percepția* culorilor nu depășește cu claritate stadiul *senzației* pe care ea o pricinuiește în subiect. „Conceptele" la care această senzație conduce sunt în mare măsură arbitrare și funcționează mai curând doar ca *denumiri*. Iată de ce: este cvasi imposibil a analiza „conceptul" de roșu, verde, galben etc. Orice tentativă de a analiza de ex. „roșul" va ajunge fatalmente înapoi la *senzația de roșu*, îndepărtându-se astfel din nou de domeniul conceptual-analitic dorit, dar ne atins. Asta deoarece la nivelul cunoașterii mezzoscopice, o cunoaștere îndeplinită exclusiv prin resursele umane ale subiectului și pornind de la percepții, senzația de roșu (sau de orice culoare) nu se înscrie nici în Spațiu și nici în Timp. În consecință senzația unei culori nu are măsuri/dimensiuni de nici un fel (în cunoașterea științifică, așadar în fizică, lucrurile stau cu totul altfel! Vom reveni). Ceea ce ar trebui să funcționeze ca un *concept univoc*, pe baza căruia se pot defini situații spațio-temporale (înțelegere) (2), căruia i se pot aplica formele „constitutive" ale gândirii (categoriile) (3) și pe baza căruia se pot formula judecățile analitice și sintetice (4), după care, în sfârșit, se poate ajunge la Idei (5), se degradează în cazul culorilor la a fi doar o *denumire* convențională: roșu, galben, albastru, verde etc. Nu sunt mai mult de 7-9 de astfel de denumiri convenționale care nu spun mai nimic (ele se oerientează în genere după culorile principale ale curcubeului sau ale spectrului luminii). Parcă pentru a spori ambiguitatea, pentru celelalte nuanțe de culori, ca și pentru culorile numite binare sau trinare (culori compuse) – în total, se spune, cam 20.000 – apar în plus doar câteva zeci de expresii ciudate ca „roșu Bordeaux", „ceruleum", „albastru de Prusia", „roz bonbon", „capum mortum" etc. sau – și mai straniu până la ridicol! – „liliachiu", „verzui", „gălbui", „ciocolatiu" și alte năzbâtii lexicale care arată doar că *limba* (conceptele!) *capotează* *în fața fenomenului culorilor.* Asemănătoare este situația percepțiilor acustice, mai cu semă în cazul muzicii. Poate cineva să descrie un ton anume fără a cădea în poezie, metafore sau în comparații uneori stranii?

În referință la *percepția culorilor* mai adăugăm pentru început: **a-** Unul și același obiect poate apărea unui subiect ca având nuanța de culoare x, iar altui subiect ca având nuanța y, ceea ce pledează pentru ideea că percepția culorii este destul de *imprecisă*. **b-** Unul și același obiect poate apărea o dată ca având o culoare, iar altă dată, în altă situație de lumină, ca având o alta. Este exemplul mării și al cerului care apar ba albastre, ba violet, ba gri, la fel cum un zid alb poate apare în amurg „roșiatic". Înțelegem de aici că percepția unei culori este *situativă*. **c-** Există obiecte care au „mai multe culori", cum de ex. sideful sau roca vulcanică numită porfir. Asta înseamnă că nu se poate atribui *mereu* unui obiect *o singură culoare precisă și stabilă* care ar putea fi considerată ca *însușire* a acestuia. **d-** În sfârșit, o singură culoare poate apare în nuanțe identice în mai multe obiecte (mașina pompierilor, un anume fruct și un trandafir), ceea ce ne arată că nici o culoare nu poate fi înțeleasă ca o însușire *specifică* a unui obiect.

Datorită dificultăților de a reduce o culoare la un *concept univoc*, datorită faptului că o culoare în cadrul pecepției naturale *nu are dimensiuni*, datorită faptului că percepția culorilor este *imprecisă* și *situativă*, în sfârșit datorită faptului că este foarte riscant de a considera culoarea ca o *însușire specifică* și determinantă a unui obict, culoarea a fost dintotdeauna și este încă o temă aprins discutată și controversată pentru gândirea și cunoașterea umană. Prin ambiguitatea ei funciară culoarea chiar a derutat pe alocuri gândirea. O întreagă „armată" de gânditori din mai toate domeniile cunoașterii au fost și sunt încă preocupați de culoare: filosofi gândind culoarea fizic și metafizic, fizicieni gândind-o științific, atât microscopic cât și macroscopic, teoreticieni ai limbajului încercând să elucideze situația precară a limbii vis a vis de culori, psihologi, fiziologi și neurologi încercând să elucideze procesele ce au loc la toate nivelele *în subiect* atunci când acesta percepe culorile. De bună seamă și pictorii, fotografii sau teoreticienii artei au adus și ei contribuții importante la înțelegerea culorilor și/sau a „modului lor de funcționare".

Este clar: Chiar o documentație minimă necesară pentru un eseu despre culori abordează mai multe discipline și se arată a fi impresionant de mare (vreo 2500 de pagini!). Bibliografia ce stă la dispoziție pentru și despre colori este desigur mult mai mare; ea este, pot spune, enormă! Pentru a ajunge la partea pur eseistică a textului de față, și mai ales pentru a întemeia și motiva această ultimă parte în care voi expune păreri personale, este necesar mai întâi să trecem în revistă, cât se poate de scurt, ce spune *filosofia*, *fizica* și *neurofiziologia* (cu punctări în domeniul anatomiei) despre culori.

***

II - PARTE DOCUMENTARĂ

CE SPUNE F I L O S O F I A DESPRE CULORI?

Filosoful presocratic Democrit (aprox. 460-370 înaintea erei noastre), născut în Abdera, o colonie ionică în Tracia, recunoscut ca unul dintre cei mai erudiți gânditori ai antichității, a fost probabil primul care s-a exprimat despre culori. *El neagă realitatea obiectivă a culorilor* (relatare Aristotel) și *declară că în realitate nu există culori* (relatare Aetius). În ambele citate Democrit continuă însă: *impresia unei culori se naște doar ca urmare a pozițiilor atomilor* din care este alcătuit obiectul privit și, conform relatării lui Aetius, el mai spune că, odată ce *atomii nu au culoare,* doar *dispoziția, forma și poziția* lor determină *impresia* de culoare[20].

Se poate deduce cu ușurință că afirmațiile lui Democrit cu privire la culori au două adrese precise, două „miezuri", ca să zicem așa. **1** - Culorile nu există în realitate, deci sunt numai impresii subiective și **2** - Nu însușirile unui obiect ca atare, ci doar dispoziția atomilor incolori care îl alcătuiesc *determină* în privitor *impresia* de culoare. A doua afirmație era de așteptat, căci Democrit a fost elevul lui Leukip, întemeitorul teoriei atomului/atomiste! De aici nu este de înțeles că Democrit ar fi pendulat, sau chiar că ar fi fost nehotărât, între a atribui obârșia culorii doar subiectului (vezi: impresia) sau doar obiectului (vezi: dispoziția, forma și poziția atomilor). Cu toate că teoria dispoziției atomilor ca fiind hotărâtoare pentru impresia de culoare pare astăzi destul de rudimentară, este de apreciat la Democrit că a vrut să dea o *explicație cauzală* pentru senzația de culoare, cu alte cuvinte să *lege logic subiectul de obiect* – altfel, culorile ar fi fost considerate doar ca halucinații inexplicabile.

Gândirii umane i-au fost necesari ca. 2300 de ani pentru a demonstra astăzi – de data asta elocvent și foarte nuanțat! – legătura cauzală între obiect și subiect în cadrul percepției culorii. În linii mari, în sensul adânc al țintei ei, teoria lui Democrit era deci izbitor de adevărată! Din păcate însă, mai ales în filosofie, s-a pierdut imens de mult timp (și se mai pierde încă!...) cu o ceartă cvasi neîntreruptă ce are ca obiect exact ceea ce Democrit a încercat și parțial a reușit să evite: întrebarea dacă obârșia culorilor se află *în subiect* sau *în obiect*, cu alte cuvinte dacă originea culorii

---

[20] Ambele citate, intenționat aici intercalate, *Die Vorsokratiker* de Wilhelm Capelle, Kröner Verlag, 1968.

este una *psihogenă* (subiectivismul) sau una *hylogenă*[21] (obiectivismul), adică ar aparține materiei/ substanței din care este compus obiectul privit.

Cu mare hotărâre Aristotel se distanțează de concepția lui Democrit și înțelege obârșia culorilor ca fiind o *însușire intrinsecă și specifică a obiectului,* iar capacitatea subiectului de a le percepe este doar un proces de asimilare și actualizare a acestor însușiri în aparatul său perceptiv (simțul văzului, respectiv ochiul)[22]. Această convingere a fost adoptată de toți descendenții spirituali ai maestrului, așa numiții „aristotelieni", timp de mai bine de 1000 de ani și, cum vom vedea mai jos, dăinuie parțial și astăzi (obiectivismul).

Abia în sec. XVII, ca o consecință imediată și firească a marilor reînnoiri aduse de Renaștere în toate domeniile (umanismul, distanțarea față de autoritarism, încrederea în rațiunea și experiența proprie, lărgirea cunoștințelor în fizică și astronomie etc.), vine și momentul combaterii teoriei aristotelienilor despre culori. Filosoful francez René Descartes se opune vehement teoriei de factură aristotelică potrivit căreia percepția culorilor ar fi o asimilare și actualizare în subiect a proprietăților intrinsece (a culorilor) din obiect. În mai multe scrieri de-ale sale – *Traité de la Lumière, La Dioptrique, Meditationes de prima philosophia, Principia philosophiae, Regulae ad directionem ingenii* etc. – el abordează problema culorii și a percepției acesteia creind bazele de înțelegere a fenomenului ce au valabilitate până în zilele noastre. Descartes începe al său *Traité de la Lumière* cu câteva fraze de importanță maximă pentru înțelegerea percepției. Cu toate că lucrarea a apărut

---

[21] Originea termenului este cuvântul grecesc vechi ὕλη (hylê) care înseamnă lemn, pădure, material de construcție dar și **materie/substanță** în sens filosofic (îndeobște în opoziție cu forma).

[22] Aristotel emite această părere în *De anima* (II 6 și 7) și continuă în *Fizica* și *Metafizica*.

postum (pentru a-l menaja pe Galilei, împotriva căruia inchiziția tocmai intenda un proces, autorul nu a dat-o la tipar în anul 1633 când a scris-o), frazele ce urmează pot fi înțelese ca punct de pornire a demersului filosofului privind percepția. *"Me proposant de traiter icy de la Lumiere, la premiere chose dont je veux vous avertir, est, qu'il peut y avoir de la difference entre le sentiment que nous en avons, c'est á dire l'idée qui s'en forme en nostre imagination par l'entremise de nos yeux, & ce qui est dans les objets qui produit en nous ce sentiment..."*[23]

De aici rezultă că filosoful e de părere că percepțiile au un caracter înșelător, că ele au o „viață internă" autonomă care nu ne împărtășește nemijlocit ceva sigur despre structura obiectului. În meditația III din *Meditationes* el spune că *„percepțiile reprezintă un ne-lucru, ca și cum acesta ar fi un lucru"*. Mai cu seamă în referință la percepția culorilor aceste păreri capătă o valabilitate incontestabilă — am schițat deja în introducerea prezentei lucrări că percepția culorilor este *imprecisă* și *situativă*, că ea nu poate fi considerată ca o *însușire specifică* și determinantă a unui obiect (vom reveni). Dar Descartes nu ar fi Descartes, întemeietorul raționalismului modern(!), dacă nu ar avertiza de repetate ori asupra pericolului pentru gândire ce-l reprezintă simțurile (vezi: puterea lor de fascinație) generate de percepția cu „caracter înșelător"; de ex. în *Synopsisul* la *Meditationes* el recomandă *„a obișnui spiritul nostru să se detașeze de simțiri"* (a accoutumer notre esprit à se détacher des sens).

---

[23] Datorită farmecului cu totul special al limbii franceze vechi am preferat să reproduc citatul așa cum a fost el scris acum aproape 400 de ani. Traducerea lui este următoarea: *„Propunându-mi să tratez aici despre lumină, doresc mai întâi să vă avertizez că poate exista o diferență între sentimentul* (senzația), *așadar ideea care se formează prin intermediul ochilor în imaginația noastră, și ceea ce aparține obiectului care produce în noi acest sentiment..."* Am folosit o excelentă ediție germană bilingvă a textului: *Le Monde ou Trité de la Lumière – Die Welt oder Abhandlung über das Licht*, VCH Verlag, Acta humanoida, Weinheim 1989.

Rezumatul afirmațiilor lui Descartes despre culoare se poate exprima astfel: Dacă privesc, de ex., lămâi, ele reflectează fascicule luminoase care pătrund în ochiul meu și excită nervul vizual. Această iritație/excitație este condusă înspre creier unde se ivesc anume configurații de *corpuscule* (idee centrală la Descartes) care, la rândul lor, determină spiritul să aibe o anumită stare în care lămâile îmi apar galbene. La nivelul înțelegerii comune de azi teoria nu ne spune mai nimic nou. În timpul lui Descartes însă era chiar o revoluție! Într-adevăr, dacă am înlocui câțiva termeni – mai ales *corpusculum* – am ajunge la teoria științifică de azi a culorilor (vom reveni!). Mai întâi reținem de aici faptul că filosoful francez pledează pentru un riguros *lanț cauzal* în teoria și percepția culorilor și, mai ales faptul că el susține că ceea ce numim culoare *nu este o reală calitate/însușire a obiectului*.

La o privire mai atentă lucrurile însă se complică, și anume mai ales datorită acelor *corpusculi*. Dominik Perler, profesor de filosofie la Universitatea Humboldt din Berlin, remarcă într-un studiu despre Descartes și culori[24] că acesta și-a asumat sarcina extrem de dificilă să demonstreze două teze: Întâi: *culorile nu sunt însușiri care pot fi* **asimilate** *însușirilor geometrice ale obiectelor* (teza centrală a lui Descartes este că în obiecte nu se găsește nimic altceva decât *însușiri geometrice și kinematice* – Principia philosophiae II, 64), *ci ele însele* **sunt** *însușiri geometrice*; Apoi: *percepția culorilor nu constă în preluarea de către subiect a însușirilor* **reale** *ale obiectului, ci doar simpla receptare de către ochi a fasciculelor luminoase reflectate de el* (Nota 24 p.21 în cartea pomenită).

---

[24] Dominik Perler, *Descartes über die Farben* în culegerea de texte *Farben – Betrachtungen aus Philosophie und Naturwissenschaften* (*Culori – considerații filosofice și din științele naturii*), Suhrkamp Verlag, colecția știință, Frankfurt/Main 2007.

În cadrul demonstrațiilor sale Descartes ajunge la mai multe concluzii foarte valoroase mai cu seamă în domeniul teoriei percepției și deci a cunoașterii în general: în cazul culorilor nu există nici o altă ființă în afară de spiritul uman, percepția culorii nu are nici o intenționalitate intrinsecă, însă cu siguranță un anume conținut reprezentativ și, în sfârșit, faptul că perceperea unei culori este un punct de pornire indispensabil pentru cunoașterea concretă a însușirilor geometrice ale obiectului. Un compromis? Nu tocmai, deoarece filosoful ajunge de aici la concluzia finală că *spiritul uman* (autorul adevăratei cunoașteri) se găsește în *strânsă legătură* – da, colaborare! – cu *corpul* (în care se petrec percepțiile). Ultima concluzie are un iz kantian *avant la lettre*!

Vedem deci la Descartes o sumedenie de idei noi, în fond o naștere – nu o renaștere! – a gândirii științifice despre culori (și nu numai!). Doar de nu ar fi fost acele *corpuscule*, rânduirea lor *geometrică* și caracterul lor *kinematic*... Filosoful rămâne dator cu explicația plauzibilă a acestora, totuși ne având nici o vină că a trăit mult înaintea marilor descoperiri ale fizicii atomice din sec. XIX și astfel căzând pradă, probabil, „modei științifice" de atunci.

Demersul științific al lui Descartes despre culori îmi apare ca o reevaluare și o nunanțare elegantă și judicioasă a părerilor bătrânului Democrit. Totodată francezul operează o schimbare a centrilor atenției de la originea *hylogenă* a culorilor, cum credea Aristotel, la cea *psihogenă*, dechizând astfel drumul pentru toate interpretările subiectiviste ce au urmat.

Filosoful englez John Locke (1632-1704), reprezentant de seamă al empirismului, un învățat cu o erudiție proverbială, a adus prin scrierile sale contribuții interesante în multe și foarte variate domenii: filosofie, pedagogie, politică, știința guvernării (el a fost și consilierul principal al lui Shaftesbury), politică financiară etc. Este de amintit că datorită ideilor sale extrem de liberale, în care recomanda reducerea rolului statului la un strict necesar și chiar înființarea unui guvern constituțional (în sec. XVII!...), și mai cu seamă datorită scrierii sale din 1667, *Eseu despre toleranță*, Locke a devenit suspect autorităților și a fost nevoit să fugă în Olanda unde a purtat un nume fals. Este unanim acceptat că gândirea lui John Locke a pus bazele iluminismului (Aufklärung) ce a urmat în secolul XVIII.

Dar pentru tema ce ne-am propus-o în acest text este de mare importanță scrierea principală a lui Locke *An Essay concerning Human Understanding* (1690), rom. *Eseu privind înțelegerea umană*. Principiul ce stă la baza acestei lucrări, pot spune chiar credo-ul filosofului, este: *„Nihil est in intellectu, quod non ante fuerit in sensu"* (nimic nu este în intelect/înțelegere, care să nu fi fost înainte în simțire/senzație/ percepție). Într-adevăr, în lucrarea de care ne ocupăm analiza a ceea ce numim azi *percepție* ocupă un loc central, făcând din acest text al lui Locke un impuls hotărâtor pentru teoriile de mai târziu (sec.XX) numite *fenomenologie* în general și *fenomenologia percepției* în special.

Un prim scop pentru Locke este să cerceteze în cadrul unei teorii a calităților dacă ideile noastre despre lucruri corespund/echivalează cu acestea – adică dacă *percepția* unui lucru, în consecința căreia ne facem o *idee* despre lucrul perceput, este corectă, vezi *echivalentă* cu acesta. Pare a fi simplu: văd/percep marea, atunci ceea ce percep *este* marea și deci posed în spirit *ideea de mare*; sau: dacă văd/percep un triunghi, atunci ceea ce percep *este* un triunghi și deci posed în spirit *ideea de triunghi*! Dar nu mai este deloc simplu dacă ne gândim la „ideea de dulce" sau la „ideea de roșu"... căci ceea ce pentru unul apare ca fiind dulce, pentru altul poate apărea ca fiind neutru la gust; sau: unuia îi apare un zid ca fiind alb, iar altuia, îi apare în amurg același zid ca fiind „roșiatic". Așa, filosoful este obligat să preia, dar și să dezvolte și nunanțeze sugestiile mai vechi (Aristotel), potrivit cărora *obiectele au însușiri primare și însușiri secundare*. Tocmai această diferență între însușirile *primare* și cele *secundare* ale obiectelor în cadrul percepției va căpăta o extremă importanță pentru partea eseistică a textului nostru. Dar să-i dăm cuvântul lui John Locke (*Eseu privind înțelegerea umană*, II/8/15) în traducere liberă: *"Ideile la care conduc calitățile primare au o asemănare* (resemblances) *cu aceste calități a căror înfățișări originare* (pattern) *se găsesc în mod real în obiect; în vreme ce calitățile secundare generează în noi idei care nu au nici o asemănare cu obiectul perceput"*. Așadar putem înțelege de aici că percepția este de două feluri, mai precis că ea are două calități/valori posibile: **1** - cea a *calităților primare* a obiectului, care ne conduce la *idei precise, univoce despre ceea ce se află "în mod real în obiect"*; și **2** - cea a *calităților secundare*, care ne conduce la *idei "ce nu au nici o asemănare cu obiectul perceput"*. Este indubitabil că pentru Locke ceea ce numim *culori* sunt *calități secundare*. Faptul că englezul se sprijină adesea în demonstrațiile sale pe însușirea pietrei vulcanice porfir, care își *schimbă culoarea* în funcție de lumină *fără a-și schimba structura* intrinsecă, este semnificativ (el ar fi putut tot atât de bine să dea exemplul alexandritului!). Amintesc afirmația din introducerea la aceste pagini potrivit căreia percepția unei culori este *situativă*.

Schițez încă de acum o concluzie pe baza căreia se va întemeia finalul prezentului eseu. Întrebarea care se pune este: care este caracteristica, țelul, modul, tonul, „coloratura" dacă vreți a meditațiilor ce se sprijină pe percepțiile calităților *primare* din obiect **(1)** și, pe de altă parte, care este aceea a meditațiilor ce se sprijină pe percepția calităților *secundare* ale obiectului **(2)**? Concluzia este următoarea: mi se pare imposibil de negat faptul că *percepția calităților primare* **(1)** este condiția indispensabilă și izvorul incontestabil al unei *gândiri empirice, raționale*, da, științifice, guvernată permanent de *Logos*; în vreme ce *percepția calităților secundare* **(2)** este condiția indispensabilă și izvorul incontestabil a unei *gândiri subiective, emoționale*, da, artistice(!), guvernată permanent de *Mithos*. Voi dezvolta aceste gânduri la locul cuvenit.

În același citat (II/8/15) filosoful clarifică: „*În obiecte nu există nimic ceea ce ar echivala cu ideile* (pe care ni le facem despre acestea); *există doar o putere de a crea în noi senzațiile corespunzătoare. Ceea ce în ideea noastră de dulce, de albastru sau de cald este în fond doar o anumită mărime, configurație și mișcare a particulelor imperceptibile din obiectul pe care îl numim astfel*". Din nou, ca la Descartes și la alți predecesori, „straniile" particule invizibile! Consider însă că insistența pe acele particule/corpuscule este de apreciat la acești gânditori ca fiind o intuiție, chiar genială, a ceea ce mult mai târziu știința a descoperit. Subliniem însă că *puterea* (power) însușirilor obiectelor de a crea în noi o anume senzație este de înțeles mai curând ca o *valență*, ca o *dispoziție*, și nu ca o forță.

În opera filosofului în general, și în *Eseu privind înțelegerea umană* în special, există încă multe idei importante, chiar despre culori(!), pe care însă nu le mai amintim deoarece ele nu ating în mod considerabil firul conducător al textului nostru. Semnalez doar că Locke susține chiar existența unei legături determinative între calitățile primare și secundare și că el a introdus în eseul despre care vorbim un tratat numit *Of Words* (*Despre cuvinte*) unde abordează probleme de teoria limbii spunând, printre altele, că la nivelul ideii convenția lingvistică, înțeleasă ca relație dintre expresie și idee, ar fi tot atât de importantă ca structura corpusculelor ce stă la baza percepției. Se întrevede aici un iz de nominalism.

Immanuel Kant se referă la culori în două sensuri diferite: o dată în sensul filosofiei teoretice, mai cu seamă în *Critica rațiunii pure* (1781 și 1787), și încă o dată în sens estetic, preponderent în *Critica puterii de judecată* (scrisă în 1790). Asemenea lui Johannes Haag, docent la departamentul filosofie a Universității Ludwig-

Maximilian din München, care, în contribuţia sa *Kant und die Farben*, apărută în ampla culegere de texte *Farben – Betrachtungen aus Philosophie und Naturwissenschaften* (vezi nota 24), lasă de o parte referirile *estetice* despre culoare ale lui Kant, ne vom ocupa şi noi doar de aspectele de pură teorie filosofică. Ba chiar, având în vedere că materia este foarte complexă – ca atât de des la Kant! –, vom încerca o relatare extrem de scurtă.

Deşi filosoful acceptă, chiar preia, teoria calităţilor primare şi secundare ale obiectului (Locke), el introduce o subtilă diferenţiere a senzaţiilor pe care subiectul le are în cadrul percepţiei şi apoi a cunoaşterii acestuia: sunt *senzaţiile* (Empfindungen) *obiective* şi cele *subiective*. În *Critica puterii de judecată* el clarifică: „*Ca obiect al simţurilor culoarea verde a pajiştei aparţine senzaţiilor obiective; plăcerea pe care ea o produce aparţine însă senzaţiilor subiective, adică senzaţiilor care nu conduc spre o reprezentare conştientă* (Erkenntnis) *a obiectului"*[25]. Aşadar conţinutul *senzaţiilor obiective* se referă la *însuşirea* obiectului (fie ea primară sau secundară, ca în cazul culorilor), în vreme ce conţinutul *senzaţiilor subiective* se referă la *reacţia* subiectului. Această diferenţiere, care deschide un câmp al interferenţelor dintre însuşirea externă (a obiectului) şi reacţia internă (a subiectului), se va dovedi a fi decisivă pentru partea eseistică a textului de faţă!

Dealtfel Kant consideră nu numai culorile, ci şi tonurile muzicale, gustul, temperatura, duritatea, opacitatea şi greutatea ca *senzaţii obiective* (!!??). În lucrarea amintită mai sus şi la nota 24, Johannes Haag introduce la pagina 119 următorul citat din opera lui Kant: „*Culorile nu sunt însuşiri ale corpurilor* (obiectelor) … *ci doar modificaţii ale simţului văzului afectat* (afficirt, cum spune Kant!) *într-un anumit mod de lumină. Din conta, spaţiul este condiţia necesară a apariţiei şi intuirii obiectelor. Culorile nu sunt*

---

[25] *Critica puterii de judecată* (B 9) („B" înseamnă ediţia a doua 1792/1793; cifra indică numărul paginii)

deloc o condiţie necesară a apariţiei obiectelor în simţurile noastre. Ele sunt efecte doar întâmplător amestecate cu apariţia şi astfel legate de ea. Din această cauză ele nu sunt reprezentări a priori, ci sunt întemeiate doar pe senzaţii" (C.R.Pur. ed. A, p. 28, Riga, 1781).

S-ar putea spune că între cele două citate introduse mai sus se ascunde o incongruenţă sau chiar o confuzie... Cum se face că o senzaţie (cum este verdele pajiştii) nu poate contribui, cel puţin în forma ei *obiectivă*, la formarea intuiţiei (*Anschauung*), înţeleasă ca prim pas al cunoaşterii? Explicaţia este de găsit în opera marelui filosof care, desigur, nu a făcut nici o confuzie sau incongruenţă. Nu vom desfăşura aici tezele lui Kant – ar fi prea lung şi complicat. Ne mulţumim să semnalăm că totul se sprijină pe relaţia *Spaţiu-Timp* – elemente care sunt *formele esenţiale ale intuiţiei*, fără de care nu se poate trece, cu ajutorul conceptelor şi apoi al judecăţilor, la deducţia transcendentală şi apoi la Idei şi la Lucrul în sine (*Das Ding an sich*). Este exact ceea ce am spus în introducere, că senzaţia de culoare nu se înscrie nici în Spaţiu şi nici în Timp, drept care nu i se poate atribui un concept univoc şi sigur.

Tocmai de aceea Johannes Haag conchide cu privire la Kant şi la această temă/controversă: *„Obiectivitatea senzaţiilor obiective este una doar aparentă: senzaţiile apar ca însuşiri ale obiectelor cunoaşterii, fiind în fond numai însuşiri ale stărilor subiectului"* (op.cit.p.113).

Odată acestea fiind spuse, voi face un salt uriaş, peste ca. 150 de ani de gândire filosofică referitoare la culori sau/şi la receptarea lor, pentru a ajunge la contemporaneitate. Se vor găsi unii care vor considera un asemenea salt, o asemenea omitere, ca fiind „de ne permis" – într-un fel, pe bună dreptate! Desigur, ar fi fost frumos, şi ar fi contribuit la ridicarea nivelului ştiinţific al prezentului text, dacă aş fi pomenit de teoriile lui Hegel privind percepţia expuse în *Phänomenologie des Geistes* – rom. *Fenomenologia spiritului* (mai cu seamă în cap.I, *Die sinnliche Gewissheit* şi II, *Die Wahrnehmung*); tot aşa s-ar fi cuvenit să amintesc teoriile lui Goethe despre culori, încercările lui (ne reuşite!) de a-l combte în unele puncte pe Newton, şi mai ales teza lui, foarte ciudată de altfel(!), despre „culorile întunericului". Chiar cu părere de rău mă văd obligat să renunţ a prezenta şi comenta gândurile lui Schopenhauer despre culori – un filosof pentru care simt o afinitate pronunţată. Cu multă plăcere m-aş fi avântat cu gândul în cărţile acestuia, cum sunt *Theoria colorum* (1830, în latină) şi mai ales *Über das Sehen und die Farben* (*Despre a vedea şi culorile*, scrisă în 1816), ivită pe baza corespondenţei filosofului cu Goethe. Evoc totuşi faptul că în această carte se găsesc câteva elemente surprinzătoare: În cap. II, § 5, Schopenhauer vorbeşte despre diferite *energii ale culorilor* şi, la pag. 40, declară *„Culoarea este activitatea calitativă diferenţiată a ochiului"*. E drept că filosoful întemeiază aceste afirmaţii pe baza tezelor lui Goethe privind „culorile întunericului"; în acelaşi text (p.48) el se declară de acord cu afirmaţia poetului de la Weimar potrivit căreia culoarea ar fi în fiinţa ei intimă un σκιερον (cuvântul grecesc *skierhon* se trage din σκιά/skia care însemnă umbră, obscuritate, loc ascuns). Teoria lui Goethe a căzut, deci şi baza afirmaţiilor lui Schopenhauer evocate de noi mai sus. Dar dacă ne gândim că nu mult timp după aceea fizica a descoperit şi demonstrat că ceea ce numim culori nu sunt altceva decât unde electromagnetice de diferite valori – indubitabil *energie!* – şi că doar aparatul nostru perceptiv, printr-o *„activitate calitativă diferenţiată"*, transformă aceşti stimuli în senzaţii de culori, afirmaţiile lui Schopenhauer dau dovada unei intuiţii formidabile!

Renunţ deci (acum cu conştiinţa ceva mai împăcată!) la prezentarea a 150 de ani de gândire filosofică în principal datorită faptului că tezele, teoriile şi părerile din acest segment de timp nu servesc în mod direct şi relevant părerilor mele despre lumea culorilor ce le voi expune în partea eseistică a acestui text. Dar, trecând acum la gândirea contemporană despre culori, avertizez de la bun început că tabloul de ansamblu este, după părerea mea, foarte prolix şi abia dacă oferă câteva idei folositoare scopului meu. De aceea mă voi folosi în prezentare de o lucrare sintetică/rezumativă, ceea ce scurtează considerabil expunerea.

Prestigioasa librărie şi editură filosofică Vrin[26] a publicat în interesanta ei colecţie *Chemins philosophiques* (Drumuri filosofice) lucrarea lui Christophe Al-Saleh *Qu'est-ce qu'une couleur?* (Ce este o culoare?) (2013). Cartea va sta la baza relatărilor ce vor urma.

Mai întâi Al-Saleh elucidează problemele filosofice pe care le pune fenomenul receptării culorilor. Ele sunt 4 la număr:

1 - Problema *ambiguităţii noţiunii de culoare.*

Oricum am înţelege culoarea – ca fiind o *senzaţie,* sau ca fiind o *proprietate concretă* a obiectului (natura *psihogenă* sau *hylogenă*) – ea apare mereu stranie[27].

Înţeleasă ca *senzaţie,* culoarea se deosebeşte de celelalte senzaţii obţinute prin simţul auzului, celui olfactiv, gustativ sau tactil, prin faptul că, din punct de vedere fenomenologic (strict din acest punct de vedere!), ea nu pare a aduce cu sine o modificare a subiectului. Tot ca senzaţie culoarea *dă doar impresia* de a ocupa un loc clar definibil în Spaţiu şi în Timp, în vreme ce celelalte senzaţii (de ex. sunetul) se înscriu cu claritate în aceste coordonate.

Înţeleasă ca *proprietate concretă* a obiectului, culorii îi lipseşte *eficienţa cauzală. „Culoarea unui obiect în lume nu*

---

[26] Recomand iubitorilor de filosofie să viziteze cu ocazia unei şederi la Paris această librărie care pentru mine este unul din cele mai frumoase locuri ale fascinantului oraş! (adresa este: 6, place de la Sorbonne)

[27] Al-Saleh preia interpretarea acestui cuvânt (fr. *étrange*) dintr-o lucrare a filosofului J.L. Mackie potrivit căruia o idee/valoare este stranie (engl. *queerness*) atunci când ea primeşte un sens neaşteptat.

modifică interacțiunile acestuia cu alte obiecte. Or, eficiența cauzală este o trăsătură esențială pentru a putea vorbi despre o proprietate concretă" – spune Al-Saleh (op.cit.p.14). Autorul dă un exemplu: faptul că ordinatorul portabil este roșu sau verde nu are nici o semnificație *definitoare* a obiectului, în vreme ce faptul că acesta cântărește 300 de grame sau 900 de grame *este definitor* în relație concretă, măsurabilă(!), cu alte obiecte.

2 - Problema *subiectivității ireductibile* a experienței culorilor și *qualiile*[28].

Descrierea culorilor are cu necesitate două aspecte: unul *extensional* și altul *intensional*[29]. A vorbi *extensional* despre culori nu înseamnă mai mult decât a grupa o serie de obiecte sub același predicat, să zicem „roșu". Toate aceste obiecte sunt roșii – fără vreo nunanțare și chiar fără vreo analiză. Este, ca în nota 29, o

---

[28] Termenul *qualia* este preluat din pronumele relativ și interogativ latin *qualis* = în ce fel?, însușirea unui element (este o traducere a lui Cicero din greacă ce a generat mai târziu cuvântul qualitas/calitate). În filosofie el desemnează *conținutul subiectiv* al unei stări mentale. Termenul este introdus de filosoful american Charles S. Peirs în anul 1866 și abia în 1926 adus în discuție de C. I. Lewis în cartea sa *Mind and the World Order*. Până acum nu a putut fi explicat neurologic fenomenul qualiilor. Tocmai de aceea existența lor este controversată. Filosoful american Thomas Nagel, de pildă, e de părere că pentru a lămuri problema este necesară o revoluție în domeniul neurologiei și științelor cognitivității de amploarea celei inițiate odinioară de Kopernic în astronomie.

[29] *Extensional* și *intensional* (nu intenţional!) sunt concepte de inspirație aristotelică folosite mai cu seamă în semantică și logică. Această „pereche" de concepte a fost introdusă în limbajul filosofic prin celebra carte *La logique, ou l'art de penser* (cunoscută sub numele de *Logica de la Port-Royal*) apărută în anul 1662. Chiar dacă în interpretări ușor diferite, ele sunt valabile până azi. O prezentare mai amplă fiind aici neavenită, schematizez: Extensie/extensional = „étendue de l'idée", denotație, referință, *Umfang* (la Kant), adică mărime, perimetru, cuprins (întotdeauna al ideii sau al unui concept). Intensie/intensional = „comprehension de l'idée", conotație, sens, semnificație, *Inhalt* (la Kant), așadar conținut.

denotație, o referință, un perimetru de valabilitate al predicatului – doar atât!

A vorbi însă *intensional* despre culori înseamnă mai întâi a fi conștienți și a întemeia pe baze raționale *cauza* pentru care un predicat anume se aplică unui obiect anume și nu altuia (de ce acesta este roșu și nu albastru!). Al-Saleh (op.cit.p.20): *„Dacă aș dori să descriu acest caracter fenomenal, proprietățile pe care ar trebui să le prezint ar fi trebuit să fie toate proprietățile care fac ca această experiență să fie experiența **doar a acestei culori** anume. Ele ar fi dependente de un punct de vedere subiectiv, ar avea o anumită transparență, enunțurile utilizând aceste proprietăți nu ar fi foarte diferite de enunțurile despre culoarea respectivă, ele ar fi accesibile numai la persoana întâi-a și ar fi pronunțat indexicale ... Aceste proprietăți se numesc qualii".*

Constatăm că datorită qualiilor – conținutul subiectiv al unei stări sau demers mental (vezi nota 28) – privirea *intensională* a culorilor nu se realizează, ea cade înapoi în descriere subiectivă a senzației de culoare sau automatisme indexicale. Este ceea ce am semnalat și în introducere. Qualiile sunt însă pentru prezentul eseu de importanță maximă!

3 - Problema *indeterminabilității corelatului informațional* al culorii.

Este adevărat că: Atunci când văd culoarea roșie pe un semafor de circulație, *înseamnă pentru mine* „stop", a nu merge mai departe!; când văd un măr roșu *înseamnă pentru mine* că el ar fi copt – exact invers când văd mure: dacă ele sunt roșii *înseamnă pentru mine* că ele sunt încă ne coapte(!); când văd o pată roșie pe perna pe care am dormit *înseamnă pentru mine* că ceva nu e în ordine și am sângerat. Toate aceste apariții de roșu *înseamnă pentru mine* ceva, ele mă *informează* despre ceva. Filosofic văzut ar fi însă trivial și superficial să spunem că roșul în cauză – sau culoarea în general – este purtător/purtătoare de informație. Toate remarcile „înseamnă pentru mine" sunt *convenții* învățate sau *deducții* și nu aparțin culorii sau senzației de culoare *ca atare*. Este imposibil de descris conținutul informațional al vreunei culori *ca atare*. Așadar unei culori i se poate doar *atribui* o informație. În spiritul teoriei infomației culoarea nu este un *semnificant*, căci nu transmite un *semnificat*, nu are o *semnificație* proprie – cel mult, o culoare poate fi un „semnificant de mâna a doua" (prin convenție sau deducție). Ceva mai salop exprimat: un informant este un informant numai atunci când informează. Or, culoarea *în sine* nu informează nimic în afară de faptul că ea există (sau, mai precis, că este percepută).

Deși Al-Saleh argumentează ușor diferit indeterminabilitatea corelatului informațional al culorii, el ajunge la concluzii identice (op.cit.p.24-28).

4 - Problema filosofică *esențială* a culorii.

Al-Saleh constată o situație fatală, și chiar derutantă, în abordarea filosofică a problemei culorii. El pornește de la ideea simplă și unanim acceptată că orice senzație – deci și cea de culoare – are două tipuri de proprietăți: *ce simțim* și *cum simțim* ceea ce simțim. *Ce* simțim este *conținutul* senzației și se referă la *o proprietate externă* a ei, deci la o proprietate a obiectului perceput. *Cum* simțim este *fenomenologia* senzației care, petrecându-se exclusiv în subiect, se referă la *proprietăți interne* ale senzației determinate de percepția obiectului. Eu adaug că în această dualitate se întrevede deja „câmpul de luptă" între *sfera obiectivă*, care corespunde lui „ce simțim", conținutului senzației, proprietăților externe ale acesteia și, pe de altă parte, *sfera subiectivă*, care corespunde lui „cum simțim", adică fenomenologiei senzației și proprietăților interne ale acesteia.

Autorul construiește mai departe pe această dihotomie: Orice considerație, analiză, discurs sau discuție pe tema lui *„ce simțim"*, adică referindu-se la conținutul senzației și la proprietățile externe ale acesteia și ale obiectului perceput, presupune cu necesitate o privire *extensională* (vezi nota 29) – altfel nu ar fi existat nici măcar tema! Pe de altă parte: Orice considerație, analiză, discurs sau discuție pe tema lui *„cum simțim"*, adică referindu-se la fenomenologia senzației și la proprietățile interne ale acesteia și *atribuite subiectiv* obiectului perceput, presupune cu necesitate o privire *intensională* (vezi nota 29) – aici intervin, printre altele, și qualiile, aceste „făpturi" încă ne înțelese, dar existente!

Cele două priviri – *extensională* pentru *ce* simțim, și *intensională* pentru *cum* simțim – au căpătat chiar statutul de metodologie a abordării filosofice a problemei culorilor. Dar, o demonstrează clar și Al-Saleh (op.cit.p.31-33), ele se exclud reciproc în mod consecvent. Ele dau un verdict de ne ocolit: ori una, ori alta! Autorul conchide: *„În acest caz este imposibil să nu adoptăm consecința potrivit căreia culorile sunt cel puțin produse ale experienței subiective (în sensul unei confruntări ale subiectului cu împrejurimile sale), dacă nu chiar un produs al subiectului însuși"* (p.33). Așadar el se pronunță pentru privirea *intensională*.

După felul în care sunt tratate cele patru probleme filosofice privind culorile, o mulțime de teorii contemporane pe această temă (mult prea multe!...) poate fi împărțită mai întâi în două mari grupe: cele *obiectiviste* și cele *subiectiviste* – exact așa cum am văzut la început (în germene, e drept) la bătrânul Democrit. Redau mai jos, cât se poate de scurt, împărțirea și enumerarea făcută de Al-Saleh.

I - Teoriile obiectiviste. Caracteristica acestor teorii este că ele reduc proprietățile *interne* ale culorilor (*cum* simțim) la cele *externe* (*ce* simțim). Este o negare sau cel puțin o neglijare a sferei subiective! Teoriile obiectiviste se fundează pe epistemologia percepției, potrivit căreia subiectul cunoaște prin percepții însușiri *existente* în lume. Altfel spus: dacă percep ceva, acest ceva există într-adevăr. Firesc, astfel de teorii au la baza lor în exclusivitate o privire/metodă *extensională*. Iată trei dintre aceste teorii:

> ***Fizicalismul*** recunoaşte că proprietăţile *interne* ale unei senzaţii (*cum* simţim) pot fi diferite de cele *externe*, aflate în obiect; deci că subiectul se poate înşela în cadrul percepţiei. Dar asta nu împiedică deloc faptul că proprietăţile externe există în mod concret în obiect, ele fiind măsurabile. În cazul culorilor proprietatea externă măsurabilă este *reflectanţa* suprafeţei privite: capacitatea acesteia de a absorbi o parte din spectrul luminos şi, în condiţii normale de iluminare, de a reflecta în mod constant şi definibil o altă parte din el (culoarea). Doctrinei fizicaliste i se reproşează că nu sesizează (sau nu acceptă) faptul că reflectanţa, de ne tăgăduit ca fenomen(!), este doar o *capacitate* a obiectului şi nu o *însuşire* a acestuia, căci culoarea ia naştere pe retina privitorului şi nu se găseşte în obiect. Un alt repros este că doctrina nu defineşte exact ce înseamnă condiţii „normale" de iluminare. În sfârşit, fizicalismul nu reuşeşte să explice enigma indeterminabilităţii corelatului informaţional al culorii.

> ***Dispoziţionalismul*** încearcă o depăşire a obstacolului logic pricinuit de reducerea proprietăţilor *interne* ale culorilor (*cum* simţim) la cele *externe* (*ce* simţim). Dar în loc să procedeze la o explicaţie şi o conjugare a enunţurilor fizicalismului, potrivit cărora culoarea este o proprietate concretă a obiectului şi că reflectanţa în condiţii normale de iluminaţie redă subiectului culoarea în mod constant şi definibil, teoria postulează, pur şi simplu, că o culoare există numai datorită faptului că ea *există în obiect* şi că are loc

reflectanţa. Pentru a motiva diferenţa dintre *ce* şi *cum* simţim, dispoziţionalismul introduce în deducţiile sale ideea că în subiect o culoare *pare* a fi echivalentă cu ceea ce se găseşte în obiect. Mutând extensia de la culoare în general (cum o face fizicalismul) la *a părea a fi o culoare* anume, creşte gradul de generalizare, dar şi cel al ambiguităţii(!). Teoria cade.

> ***Primitivismul.*** Este unanim acceptat că pentru a putea denumi o însuşire/proprietate a unui obiect existent în lume ca fiind una *obiectivă* este absolut necesar ca subiectul să nu aibe vreun rol activ/determinant în această operaţie. Atenţia se concentrează deci pe *cauzalitatea* acestei însuşiri *în lume* (şi nu în subiect!), ceea ce se poate desemna şi ca principiul *non-indiferenţei* (sau interdependenţei?) de bună seamă a însuşirilor unui obiect faţă de însuşirile altor obiecte. Or, reducând culorile doar la reflectanţa măsurabilă şi considerând astfel dezideratul demonstrării cauzalităţii ca fiind satisfăcut, cele două teorii obiectiviste expuse mai sus comit o greşeală şi diminuează şansele de succes ale obiectivismului. Acesta este gândul de pornire a lui John Campbell[30] pe care el construieşte teoria primitivismului al cărui reprezentant de seamă el este. Ţelul teoriei primitiviste este deci să demonstreze că afirmaţia obiectivităţii unei culori nu trebuie neapărat să se fundeze pe cauzalitatea acesteia în lume. Atunci s-ar putea

---

[30] J.Campbell *A Simple View of Colour* în culegerea de studii *Reality, Reprezentation & Projection?*, Oxford University Press, 1993, p. 257-268. Sub titlul *Une défense du primitivisme* textul este reprodus parţial (şi comentat) şi în cartea lui Al-Saleh despre care vorbim, apărută la ed. Vrin.

vorbi de obiectivitate fără a fi fizicalist și nici dispoziționalist. Demonstrația are două axe: pe de o parte a arăta că o proprietate nu este neapărat subiectivă datorită faptului că percepția și reperarea ei depinde de spiritul uman (subiectul), iar pe de altă parte a arăta că temeiurile pe care o culoare poate fi calificată ca fiind o proprietate obiectivă pot fi decuplate de teoriile fizicii. Renunț a arăta aici mecanismul acestor demonstrații, preferând să-l citez pe Al-Saleh (op.cit.p.49): *„...această teorie ne oferă scuze acolo unde am fi îndreptățiți să așteptăm justificări"*. Eu adaug: nu putem accepta calificativul de *obiectiv* neglijând fizica și știința în general!

II - Teoriile subiectiviste. Caracteristica acestor teorii este că ele, în cazul culorilor, susțin că ceea ce percepem *în* și *prin obiect nu este culoare* ca atare, ci doar în noi se ivește *senzația* de culoare. (Cu toate că pare a fi paradoxal, acest enunț central al subiectivismului este confirmat, așa cum vom vedea mai jos, tocmai de știință!) Teoriile în cauză dezic cu hotărâre ideea că o culoare ar fi o *însușire* concretă a obiectului, cu alte cuvinte că ea, în cadrul procesului de percepție, ar fi o calitate *externă*, susținând totodată că aceasta (culoarea) este doar o calitate *internă* (adică una a subiectului sau, cel puțin, una *atribuită* obiectului de către subiect). Teoriile subiectiviste sunt fără îndoială *eliminative*. Datoria lor științifică este aceea de a explica *aparenta obiectivitate* a culorilor. Firesc, astfel de teorii au la baza lor în exclusivitate o privire/metodă *intensională*. Iată trei dintre aceste teorii:

> ➤ *Teoria halucinației.* Pentru a evita orice confuzie subliniem din capul locului că această teorie nu se sprijină pe cunoștințele psihologiei și neurologiei privind fenomenul halucinației. Deducțiile pornesc de la faptul concret că dacă, având ochii închiși, apăsăm ușor pe pleoape „vedem culori". Și prezența

culorilor în vis este un argument al acestei teorii. Afirmaţia centrală este că *"Toate culorile pe care le percepem nu sunt decât **efecte subiective** ale stimulaţiei organelor senzoriale prin mediul extern"* (Al-Saleh, op.cit.p.54). Lesne putem vedea că acest gând îşi are originile în teoriile lui Descartes. Şi o nuanţă mecanicist-simplistă este de constatat într-o asemenea teoarie. Renunţ şi de data asta de a arăta cum se dezvoltă argumentaţia teoriei halucinaţiei; este acolo vorba de o parte teoretică şi de una polemică, de stimuli distali şi proximali, de multe propoziţii abstracte de logică etc.etc. După părerea lui Al-Saleh, dar şi a mea personală, teoria nu rezistă – nu în ultimul rând datorită faptului că subiectul uman posedă criterii care îi permit a diferenţia o *experienţă halucinatorie* de una a *percepţiei veridice*.

> ***Teoria erorii sistematice.*** Ea este creată de filosoful englez Harold Arthur Prichard[31]. Acceptând fără dubiu că o culoare este un efect subiectiv al unui stimul, teoria susţine că încercarea de a traduce şi explica această percepţie eminamente intensională într-o perspectivă extensională, generalizatoare şi sprijinită pe propoziţii logice clasice, este o *eroare sistematică*. *"Eroarea sistematică constă în a atribui culorilor o existenţă obiectivă. Conform subiectivismului dacă o culoare există, aceasta nu poate fi decât o proprietate a cărei descriere nu poate fi scoasă din cadrul intensional. ... (căci) subiectul nu dispune de nici o regulă independentă de impresia subiectivă pentru a regrupa lucrurile într-un cadru extensional al*

---

[31] H.A. Prichard, *Knowledge and Perception. Essays and Lecture*, Oxford, At the Calderon Press, 1950.

noțiunii de culoare. ... *Consecința este că verificarea propozițiilor cromatice nu poate duce către constatarea unei **corespondențe** între faptul enunțat prin propoziție și faptul existent în lume"* (Al-Saleh op.cit.p.60). Cu alte cuvinte: ceea ce simțim (senzația de culoare) este adevărat, în vreme ce, ceea ce vorbim despre ea (partea cognitivă) este în mod sistematic o eroare. În felul acesta teoria erorii sistematice încearcă să explice doar la nivel cognitiv, fără a elucida cauzalitatea și modul de funcționare a fenomenului!, *obiectivitatea aparentă* a culorilor. Ocupându-se în principal de modurile de expresie referitoare la culori, adică de partea cognitivă a fenomenului, teoria se apropie tare de părerile lui Wittgenstein care reclama chiar o „gramatică" a culorilor. Al-Saleh încheie capitolul în mod semnificativ întrebându-se retoric (op.cit.p.63): *„De ce persistăm a adopta referitor la culori credințe, care nu sunt decât reflexul unor moduri de expresie, în vreme ce ar fi trebuit să ajustăm gândurile noastre în funcție de ceea ce învățăm altundeva, de exemplu de la științe?"*.

➢ **Teoria proiecției**. Eșecul teoriilor subiectiviste schițate până aici constă în neputința lor de a demonstra satisfăcător impresia *obiectivității aparente* a culorilor. Această însușire a culorilor nu poate fi întemeiată nici pe pseudo-percepții, cum susține teoria halucinației, și nici pe propozițiile noastre logice (corecte sau nu!) privitoare la cromatism, așa cum susține teoria erorii sistematice. Pentru a depăși impasul este necesar un mod diferit de a privi problema obiectivității aparente a culorilor. Așadar teza centrală a teoriei proiecției este: *dacă o culoare este un efect subiectiv, atunci și obiectivitatea ei aparentă* *trebuie să fie, asemănător, un efect subiectiv.* Atenție: accentul cade pe expresia „efect subiectiv"! Consecința logică a unei asemenea poziții este uluitoare: *„Deoarece nimic din felul în care percepem culorile nu ne conduce la a pune sub semnul întrebării obiectivitatea lor,* **suntem autorizați** *să gândim că ele sunt obiective"* (Al-Saleh op.cit.p.66). Compromisul, mai precis „împăcarea" între subiectivism și obiectivism sunt evidente. Epistemologic, acest principiu se arată a fi cu totul acceptabil, clar, „sănătos", cum spune autorul. Practic, el înseamnă că *odată ce prin percepție nu am acces direct la caracterul obiectiv al unei proprietăți (culoarea) – caracter pe care* **sunt autorizat să-l gândesc** *ca fiind obiectiv!* – **proiectez** *asupra obiectului conținutul subiectiv al percepției și senzației mele.* Și fenomenologic mi se pare teoria a fi conformă adevărului. De mare valoare este faptul că teoria proiecției „lasă loc" științei, ba chiar o invită(!) să demonstreze obiectivitatea culorii pe care eu, în cadrul percepției, sunt doar *autorizat* să o accept și să o presupun.

    Doresc să menționez că mai toate teoriile filosofice despre culori pe care le-am expus mai sus conțin, fiecare în sine, câte un germene de adevăr – chiar dacă, uneori, putem descifra acest adevăr doar printr-o interpretare binevoitoare și indulgentă. Totuși, așa cum am semnalat la început, tabloul de ansamblu este dezamăgitor. Filosofia vorbește mult despre culori, totodată spunând/elucidând foarte puțin. Pe cât ne apropiem de gândirea contemporană (sec. XX) pe această temă, pe atât dezolanta impresie se consolidează. Nu pot să nu-mi amintesc de unele fraze deosebit de drastice și acide ale filosofului Peter Sloterdijk privitoare la filosofia contemporană (chiar dacă ele sunt exprimate în alt context): *„Filosofia are astăzi nevoie de estetică, căci prin* *drumul ocolit al teoriei estetice primeşte permisiunea să rostească ceea ce ar trebui să rostească dacă ar mai fi cu adevărat filosofie. Estetica devine cârja cu ajutorul căreia **o filosofie imposibilă se târăşte prin secolul XX**"*; sau că filosofia e astăzi profesională numai când expune *"cum ar spune ceva **dacă ar avea ceva de spus**"* (trad. liberă, subl. noastre)[32]. Printre alele autorul deplânge "paralizia" puterilor de *sinteză* ale filosofiei, ceea ce face ca odinioară nobila disciplină să se piardă astăzi în analize de multe ori ineficiente sau inutile. Această ultimă remarcă este, după părerea mea, pe deplin valabilă şi pentru mulţimea de discursuri ale filosofiei contemporane despre culoare (mai ales pentru cele expuse în cartea lui Al-Saleh). Se pare că singura şansă de a ajunge la o viziune de sinteză privind fenomenul culorilor este o privire *interdisciplinară*, adică una al cărei co-autori sunt *ştiinţele şi filosofia*. "Invitaţia" adresată ştiinţelor de către teoria proiecţiei – singura teorie filosofică pe deplin valabilă! – se transformă în acest context într-o *obligaţie*.

*

CE SPUNE F I Z I C A DESPRE CULORI?

Desigur că drumul fizicii, pornind de la stadiile primare, mai curând intuitive, până la a descoperi şi demonstra incontestabil adevăruri privind problema culorii (şi nu numai această problemă!) nu a fost uşor. Drumul fizicii a fost însă mult mai scurt decât cel al filosofiei (care încă nu a ajuns la capăt!) şi, mai ales, lasă impresia că ar fi avut în permanenţă o adresă precisă. Evoluţia teoriilor fizicii despre culori are, fără îndoială, în diversele trepte ale ei o organicitate logică – totul decurge "ca de la sine" în direcţia adevărului final. De ce este aşa şi nu altfel, ca în filosofie? Fizicianul, ca om de ştiinţă, acţionează permanent sub imperativul evidenţei,

---

[32] Peter Sloterdijk, *Kopernikanische Mobilmachung und ptolemäische Abrüstung*, Suhrkamp Verlag, Frankfurt am Main, 1987. Citatele sunt extrase din pag. 39, respectiv 89.

al logicii și al obiectivității. Astfel el se supune, independent de subiectivitatea lui, rezultatelor pe care le deduce, dar și rezultatelor *demonstrate* de predecesorii săi. Cu foarte puține excepții, în cazul filosofului lucrurile stau exact invers: cea mai mare parte a filosofilor pornesc de la o anumită privire/părere (Weltanschauung) despre o temă. Or, o asemenea părere conține în mod fatal un anume *quantum de subiectivitate*! Abia apoi filosoful încearcă să argumenteze și să demonstreze, de data asta și el ascultând de logică și rațiune(!), viziunea lui. Cu alte cuvinte, în vreme ce omul de știință se *supune* obiectului său, filosoful îl *interpretează*. După părerea mea acesta este un model *posibil* de a înțelege de ce oamenii de știință preiau cu recunoștință rezultatele predecesorilor, pentru a le completa și aprofunda, în vreme ce filosofii par a fi preocupați de a reinterpreta, a combate sau chiar a înlocui tezele predecesorilor cu ale lor. Etica oamenilor de știință pare a fi secretul eficienței disciplinei lor. Din nou după părerea mea, probabil doar Platon și Kant fac excepție în ce privește *quantumul de subiectivitate* de care „suferă" atâția filosofi și, cu siguranță, nici un om de știință. Ființa filosofiei ascunde în ea un filon *opoziționalist-polemic*, în vreme ce știința unul *constructivist*.

Iată punctele principale ale cursei fizicii înspre un adevăr despre culori:

Sir Isaac Newton (1643-1727 după calendarul gregorian, introdus în Anglia tocmai în timpul vieții sale) este considerat a fi unul dintre cei mai importanți oameni de știință din toate vremurile. Meritele sale sunt într-adevăr imense: nu numai numărul impresionant de scrieri în mai toate domeniile (chiar și religie și alchimie!), nu numai descoperirile în domeniul matematicii, printre care tehnica calculului infinitesimal (eleborată sincron cu Leibniz, dar independent de acesta cu care s-a războit asupra paternității ideii), dar, mai ales opera sa centrală *Philosophiae*

Naturalis Principia Mathematica, scrisă în limba latină și publicată în 1687, i-a adus celebritatea și toate onorurile posibile. El a fost înnobilat, a ocupat funcția de președinte a venerabilei Royal Society și a fost înmormântat în Westminster Abbey – un loc sacru în mijlocul Londrei, nu numai datorită celebrei catedrale. Este, în fond, inutil să mai amintim că în opera sa principală el descoperă și analizează fenomenul gravitației, ceea ce l-a condus la formularea legilor mișcării – celebrele „Legi ale lui Newton" – și deci la întemeierea mecanicii clasice.

Ceea ce ne interesează în mod deosebit în textul nostru despre culori este lucrarea sa publicată în 1704 *Opticks or a treatise of the reflections, refractions, inflections and colours of light* (rom. *Optica sau un tratat despre reflecție, refracție, inflecție* (sinuozitate) *și culorile luminii*). Această carte este prima în istoria fizicii care se ocupă în mod direct de culori și conține teorii și principii valabile până în ziua de azi. Newton se sprijină pe o serie de experimente dintre care primul este descris în felul următor: Într-o zi însorită fizicianul închide obloanele ferestrelor unei camere și stinge toate luminile. El face apoi o minusculă gaură rotundă într-un oblon. În cameră apare o rază de lumină. Apoi el instalează în calea acestei raze, imediat după oblon, o prismă din sticlă, astfel ca raza să o traverseze de-a curmezișul pe o direcție perpendiculară pe muchiile lungi ale ei. La o distanță de 22 de picioare de prismă, pe peretele opus acesteia, Newton instalează un panou alb. Se arată o „minune": pe panou nu mai apare raza luminoasă de afară, ci lumină colorată asemănător curcubeului. Se puteau vedea – citit de jos în sus[33] – *cinci* benzi colorate: *oranj, galben, verde, albastru* și, sus, *violet*! Ciudat a fost faptul că pata de lumini colorate nu mai

---

[33] Newton a orientat prisma cu muchiile ei pe *orizontală*, ceea ce a determinat ca benziile de lumină colorată să apară suprapuse pe *verticală*. Dacă însă muchiile prismei sunt orientate pe *verticală*, benzile apar atunci, una în prelungirea alteia, pe *orizontală* – este modul modern de a reprezenta spectrul luminii.

avea formă rotundă, cum era gaura din oblon, ci mai curând ovală, adică de *cinci* ori mai lungă (în cazul lui Newton înaltă) decât lată. Newton a întreprins calcule care i-au confirmat o corespondență matematică între lățimea petei colorate și diametrul găurii din oblon. Însă faptul că lungimea (vezi înălțimea) petei este exact de cinci ori mai mare decât lățimea ei, adică exact cu facorul dat de numărul culorilor, l-a condus la ideea potrivit căreia fiecare dintre culori este în mod diferit *refractată, deviată în calea ei* de către prismă. El a notat factorii de deviere (refracție) pe o scală (fictivă) de la +1 la +5: oranj +1 (cea mai mică deviere), galben +2, verde +3, albastru +4 și violet +5 (cea mai mare deviere)[34]. Concluzia centrală a experimentului este că *lumina naturală*, incoloră, sau „albă" cum se mai spune, *este compusă din fascicule de lumină colorată*. Teoria este numită *Heterogenitatea luminii*. De maximă importanță este că prin acest experiment se obțin, respectiv se generează, pentru prima dată culori – în cea mai pură formă naturală a lor! – în condiții de laborator, ceea ce înlesnește cercetarea lor cu adevărat științifică. Mai este de remarcat că fenomenul era deja cunoscut, însă la un nivel foarte superficial și ocazional – probabil la paharele de cristal pe care cade o rază de lumină –, drept care se credea că sticla/cristalul *adaugă* culorile fasciculului de lumină.

Dacă totul s-ar fi încheiat cu acest experiment, lucrurile ar fi fost foarte simple. Dar nu a fost așa! Dacă, de exemplu, se modifică distanța dintre prismă și panoul alb, dispare culoarea *verde* din mijlocul spectrului. Ea este înlocuită prin alb/incolor. Mai mult: cu cât se apropie panoul de prismă, cu atât mai mare este pata incoloră! Fizicianul englez explică fenomenul prin faptul că diferite fascicule de lumină colorată, ne fiind destul de îndepărtate unul de

---

[34] La vremea aceea nu se cunoștea încă relația matematică dintre *indicele de refracție* a diferitelor medii (vezi: permeabilitatea lor electro-magnetică) și *lungimea de undă* specifică fiecărei culori. Vom reveni!

altul („ne având loc", ca să spunem aşa), se suprapun şi suma lor este întotdeauna alb/incolor, aşa cum este raza de lumină în stare naturală, adică ne refractată.

Cititorul se va fi întrebat unde este binecunoscuta culoare *roşu*. Dacă aşezăm pe panoul alb o mică suprafaţă neagră, sau privim direct în prismă, fără vreun panou pe care se proiecteză fasciculele de culoare, în sensul că mica pată neagră este însăşi retina ochiului, apare şi roşul, dar într-o cu totul altă ordine: albastru, violet, *roşu*, oranj şi galben. Acest experiment a fost reluat de Goethe care a încercat să demonstreze prin el heterogenitatea cromatică a întunericului (culorile de mai sus ar fi „culorile întunericului"). Ipoteza lui Goethe cade, fiind considerată extravagantă, căci explicaţia fenomenului de către Newton, exact 136 de ani înaintea încercării poetului de la Weimar, este precisă şi foarte plauzibilă. Este vorba acolo de complicate fenomene de refracţie în relaţie cu însuşirea culorilor de a se combina; astfel oraj+galben+ albastru+violet rezultă *roşu*. Faptul că *roşul* din al doilea experiment (cu pată neagră) apare exact *în locul verdelui* din primul experiment (fără pată neagră) a condus la ideea că cele două culori formează o pereche, una fiind *negativul* celeilalte. Astfel îi datorăm tot lui Isaac Newton teoria spectrului *culorilor complementare* care sunt: violet↔galben, albastru↔oranj, verde↔roşu şi alb↔negru – ceea ce se poate lesne vedea în negativele fotografiilor colorate.

Într-o scriere a sa din 1675 (*Hypothesis of Light*) Newton introduce conceptul de *eter* (care s-a dovedit mai târziu a nu exista!), înţeles ca un mediu material invizibil prin care *particule de lumină se mişcă*. Cu toate că renunţă repede la ideea unui „eter luminos", fizicianul susţine mai departe în *New Theory about Light and Colours* că lumina ar fi un *fascicul de corpuscule* extrem de mici. Prin asta a intrat într-un conflict înverşunat cu colegul său olandez, doar 14 ani mai în vârstă decât el, Christiaan Huygens.

Christiaan Huygens (1629-1695), matematician, astronom și fizician, a pus prin studiile sale bazele calculului infinitesimal, pe care au lucrat apoi atât Leibniz cât și Newton, ca și cele pe care se sprijină mai târziu apăruta teorie a probabilității. Ca astronom, Huygens își construia singur telescoapele ale căror lentile le optimizase șlefuindu-le el însuși. Așa a descoperit el în 1655 satelitul lui Saturn numit Titan (primul după descoperirea lui Galilei a celor 4 mari sateliți ai planetei Jupiter în 1610), ca și mișcarea de rotație a planetei Marte. Chiar Newton îl considera pe Huygens a fi „cel mai elegant matematician al timpului". Dar admirația englezului, cunoscut că nu suporta critica, s-a stins în momentul în care Huygens a emis teoria potrivit căreia *lumina se propagă în unde*, teorie care stă și acum la baza *opticii ondulatorii*.

Odată cu cercetările mult mai târzii ale lui Thomas Young, medic oftalmolog și fizician englez (o combinație profesională extrem de fructuoasă!), istoria și comunitatea fizicienilor îi dă dreptate deplină, mai întâi, lui Huygens. În anul 1800 Young demonstrează definitiv că *lumina se propagă prin unde*, confirmânu-l pe Huygens, și chiar reușește să măsoare *lungimea de undă*. Mai mult: el arată că teoria undelor este în stare să explice unele fenomene pe care Newton nu reușea să le elucideze prin teoria sa a particulelor luminoase. Mai curând în mod indirect va primi și Newton dreptate în ce privește teoria, mai precis intuiția lui, potrivit căreia lumina ar fi un fascicul de corpuscule extrem de mici; dar asta mult mai târziu. Vom reveni.

Omul de știință german Hermann Grassmann (1809-1877) a fost un personaj important și totodată foarte interesant al gândirii secolului XIX. El este cunoscut iubitorilor de filosofie orientală prin excelenta traducere din sanscrită a culegerii de imnuri indiene *Rig-Veda*, ca și prin dicționarul său analitic pentru aceste texte. De asemeni Grassmann a adus contribuții însemnate în domeniul lingvisticii, mai ales privind modul de propagare a cuvintelor indoeuropene în limbile moderne. Ca matematician, el a perfecționat calculul vectorilor (printr-o interpretare algebrică numită de altfel și „Algebră Grassmann" sau „exterioară") și a fundat cea mai importantă teorie a sa, anume *Teoria extensiei liniare*. Tocmai pe calculul vectorilor și pe teoria extensiei liniare se sprijină și contribuția sa în domeniul fizicii culorilor. Mai întâi el demonstrează că orice impresie de culoare este determinată de trei mărimi: **1)** *tonul* culorii (culoarea spectrală ca atare), **2)** *luminozitatea* ei, așadar densitatea tonului: cât de luminoasă sau întunecată apare culoarea (pentru tonurile „colorate" scala se întinde între violet/întunecat și galben/luminos) și **3)** gradul ei de *saturație*, care exprimă calitatea/intensitatea efectului culorii. Aceasta este determinată de măsura în care culoarea este amestecată cu alb (mult alb înseamnă saturație redusă). În general satietatea arată cât de tare se depărtează un excitatnt cromatic, independent de luminozitatea lui, de un alt excitant acromatic, adică depărtarea sa de axa acomatică alb-negru. Grassmann interpretează aceste mărimi matematic și ajunge la concluzia potrivit căreia *culorile spectrale pure/originare au întotdeauna maximul grad de saturație (100% adică 0% alb), deci sunt determinate doar de* **luminozitatea** *lor specifică, în vreme ce toate celelalte culori sunt compuse și deci determinate de* **amestecul** *dintre* **luminozitate** *și* **saturație**. Tocmai de aceea *culorile spectrale pure sunt în strânsă legătură doar cu proprietățile lor fizicale*, iar *celelalte culori sunt compuse din ele*. Toată teoria matematică, dealtfel foarte complicată, este formulată sintetic în celebrele *„Legi Grassmann"*. Acestea sunt 4 legi care se referă mai întâi la la cele trei mărimi ale impresiei de culoare expuse mai sus (prima lege) și apoi stabilesc principiile amestecului de culori (legile 2-4). Cu toate că Grassmann s-a referit la culorile spectrale în general, legile lui se aplică foarte eficient și pentru ceea ce numim *culori de bază*[35] (de ex. în sistemul RGB=*roșu, verde,*

---

[35] Este absolut necesar a evita confuzia dintre termenii culoare *spectrală*, culoare *de bază*, culoare *primară* și culoare *secundară*. **Culorile spectrale** sunt

albastru pentru amestecul aditiv, foarte apropiat de vederea umană, sau în cel numit CMYK=*cyan, magenta, galben* și *key* (=negru) pentru amestecul substractiv, folosit mai ales în tehnică). Pentru teoriile lui despre culoare, Grassmann s-a inspirat din lucrările lui Isaac Newton (cunoscutul *Cerc baricentric al culorilor*) și din ale colegului său ceva mai tânăr, fizicianul german Hermann von Helmholz[36]. El însă a aprofundat și nuanțat considerabil cele două teorii. Deși multă vreme ignorate, legile lui Grassmann sunt astăzi baza teoretică incontestabilă pentru fizica culorilor și a amestecului lor.

În sfârșit a sosit momentul să evocăm pasul decisiv pe care l-a făcut știința în înțelegerea fenomenului culorilor. Este vorba de

---

culori pure, cu luminozitate intensă, izvorâte direct din lumină și fiecăreia îi corespunde o singură lungime de undă specifică. După Newton ele sunt șapte la număr: *violet, indigo, albastru, verde, galben, oranj și roșu*. **Culorile de bază** sunt, în fond, un sistem de referință (dependent de limbă și de interesul cultural/teoretic) compus din două până la șase tonuri. Două = *alb și negru*, mai precis luminos și întunecat. Conform experienței pictorilor, confirmată teoretic!, culorile de bază sunt *roșu, galben și albastru*, căci din amestecul lor se poate obține orice culoare. În sistemul de referință RGB, culorile de bază sunt *roșu, verde și albastru* la care, mai nou în tehnică, se adaugă și *galben*. **Culorile primare** sunt întotdeauna *culorile de pornire* pentru un amestec. Conform lui Grassmann acestea, îndeobște trei la număr, trebuie să fie astfel alese, încât fiecare să nu poată fi rezultatul amestecului celorlalte două. **Culorile secundare** sunt întotdeauna culorile *rezultate* dintr-un amestec. Chiar dacă pare straniu, o culoare secundară poate fi luată într-un sistem de referință ca o culoare de bază. Este, de ex. cazul culorii *magenta*, care este un produs între roșu și violet, luată ca bază în sistemul substractiv CMYK (vezi mai sus în text).

[36] Fizicianul a avut contribuții într-adevăr decisive la înțelegerea științifică a culorilor. De ex. el a preluat și perfecționat un aparat pentru combinarea culorilor (ca fascicule luminoase) creat de fizicianul francez Léon Foucault. Cu acest nou aparat Helmholtz a reușit să izoleze să controleze și analizeze culorile complementare și, prin rezultatele obținute, să relativizeze a 4-a lege a lui Grassmann. Eu sunt însă de părere că în perspectivă istorică teoriile lui Helmholtz în domeniul fiziologiei percepției culorilor sunt de maximă importanță, drept care îl voi pomeni din nou pe fizicianul german în următorul capitol.

contribuția de maximă importanță a fizicianului scoțian James Clerk Maxwell (1831-1879) a cărui operă *„este cea mai profundă și fructuoasă pe care fizica a cunoscut-o de la Newton încoace"* cum a declarat Albert Einstein cu prilejul ceremoniilor la aniversarea de 100 de ani de la nașterea fizicianului.

Maxwell este considerat a fi un fel de „constructor de poduri" între matematică și fizică. El a legat necontenit și în mod genial algebra cu geometria. Urmând aceste două „legi ne scrise" ale demersului său științific, scoțianul a reușit să demonstreze irevocabil multe teze privind întrebări ale timpului său. A arătat, de exemplu, că inelele planetei Saturn nu pot fi nici un corp compact și nici o ceață cosmică gazoasă, asa cum se credea, ci că ele sunt alcătuite dintr-o mulțime de corpuri mici, așa cum azi se știe. El a mai pus și bazele *Teoriei cinetice a gazelor* care, deși ulterior aprofundată de alți oameni de știință, este valabilă și astăzi. În această teorie este vorba de comportamentul moleculelor de gaz sub influența temperaturii și a presiunii descris matematic prin formula numită „Distribuția Maxwell". Mai adăugăm o sumedenie de studii cum ar fi despre teoria căldurii, sau cea a corpurilor în mișcare.

Dar cea mai importantă contribuție a lui Maxwell este cea în domeniul electromagnetismului. Ea ne interesează în mod cu totul special în acest text. Deși primele idei, valabile și astăzi, despre electromagnetism le-a formulat încă student fiind, interesul fizicianului pentru electricitate și magnetism a crescut necontenit de-a lungul întregii sale vieți, din păcate mult prea scurte (a murit la 48 de ani). Maxwell unește prin calcule diferențiale rezultatele studiilor fizicienilor Michael Faraday (în special magnetism) cu cele ale lui André-Marie Ampère (în special electricitate) și ale unor oameni de știință germani printre care și Grassmann. Așa ajunge el să elaboreze între anii 1861-64 celebrele *„Ecuații Maxwell"*. Aceste ecuații, la început 20 la număr, au diferite forme și se referă sau se pot aplica la multiple domenii speciale ale fizicii (ele pot fi: micro- sau macroscopice, cu formulare integrală sau diferenţială, omogene sau inomogene, exprimate în „unităţi SI", în sistem „CGS" etc.etc.). Atât pentru mine, cât şi pentru cititorii care nu sunt matematicieni sau fizicieni profesionişti (ba chiar de ridicată clasă!), ecuaţiile lui Maxwell sunt extrem de greu de înţeles şi/sau de explicat. Ideea centrală este că aceste ecuaţii descriu atât câmpurile electrice, cât şi pe cele magnetice, ca şi efectele reciproce dintre materie şi cele două câmpuri. Mai mult: Maxwell demonstrează că cele două câmpuri (electric şi magnetic) *se cuplează în vibraţiile lor formând o undă* care se propagă prin spaţiu cu viteza de 310.740.000 m/s (ca. 310 mii de Km/s!), ceea ce este foarte aproape de viteza luminii. Maxwell notează în 1864: *„Această viteză este atât de apropiată de cea a luminii, încât avem un puternic temei să considerăm că lumina însăşi este o undă electromagnetică"*. Este actul de naştere a *Teoriei undelor electromagnetice*! Toţi gânditorii dinaintea lui Maxwell care au susţinut că lumina ar fi *o undă* (îi amintim pe Huygens şi pe Young) primesc dreptate prin această teorie imposibil de negat, chiar dacă ei nu au ştiut exact *ce fel* de undă este lumina. Şi Arthur Schopenhauer primeşte dreptate pentru afirmaţia/intuiţia lui formidabilă că lumina, respectiv culoarea, ar fi energie, căci – din nou imposibil de negat! – undele electromagnetice *sunt* energie. Publicarea în anul 1865 a celebrelor ecuaţii (numite şi „Minunatele ecuaţii ale lui Maxwell"), pe care fizicianul le-a perfecţionat şi nuanţat toată viaţa, şi mai ales *Teoria undelor electromagnetice* au făcut furori în lumea ştiinţifică, fiind considerate până azi ca un triumf al fizicii secolului XIX.

Secolul XX a fost încă o dată mai productiv decât cel precedent în ce priveşte ştiinţele în general şi fizica în special. Încă din primul an al său, acest secol debutează fulminant. În 1900 Max Planck descoperă că transmiterea energiei între radiaţii şi materie se face în *cuante* a căror valoare este determinată de multiplicarea aşa numitei *Constantă Planck* cu *frecvenţa* undei. Aşadar *frecvenţa unei unde determină cantitatea de energie* a ei. În anul 1905 Albert Einstein aplică teoaria lui Planck la undele de lumină și arată că efectul fotoelectric nu se explică prin unde, ci prin cuante de lumină (energie!) pe care le numește *fotoni*. Patru ani mai târziu Einstein constată și demonstrează că lumina (ca și orice radiație) este *atât undă, cât și flux de cuante*. Așa s-a născut teoria *Dualismului corpuscul-undă*. Teoria este valabilă și astăzi. Ea stă la baza noii științe numită *mecanică cuantică*, ce se ocupă numai de mecanica elementelor sub-atomare și, în cadrul colaborării științifice a lui Niels Bohr și Werner Heisenberg, este descrisă și stabilită definitiv de acești doi fizicieni în celebra lor *Interpretare de la Copenhaga* (1927).

Iată, după mai bine de 200 de ani istoria și comunitatea fizicienilor încep să-i dea dreptate și lui Newton; nu neapărat *teoriei* sale a particulelor luminoase care se mișcă, ci mai curând *intuiției* sale geniale că așa ceva ar exista.

A încerca să arătăm „mecanismele" matematice și fizicale ale acestor teorii ar depăși atât puterile mele, cât și pe cele ale cititorului căruia îi este destinat acest eseu. Dealtfel o asemenea aprofundare ar fi și inutilă în relație cu scopul urmărit aici. Deci, e cuminte să renunțăm!

Abia acum suntem cu adevărat îndreptățiți să prezentăm culorile spectrale, înțelese ca unde electromagnetice și în lumina dualismului corpuscul-undă, și anume în înșiruirea și cu valorile lor fizice specifice omologate în lumea întreagă de către știință. Ele sunt, citit de la dreapta spre stânga (vezi nota 33): *roșu, oranj, galben, verde, albastru* și *violet*. Datorită faptului că spectrul este o bandă continuă ale cărei culori „se scurg" dintr-una în alta, arătând zeci de nuanțe intermediare, înșiruirea de mai sus este una sintetică-rezumativă. Din aceleași motive valorile fizice pentru fiecare culoare, redate în tabelul de mai jos, sunt exprimate prin două numere (toate nuanţele intermediare ale *aceluiaşi ton* între prima şi a doua cifră):

CULOAREA	LUNGIMEA DE UNDA	FRECVENŢA UNDEI	ENERGIA UNDEI
Rosu	780-640 nm	384-468 THz	1,6 – 1,95 eV
Oranj	640-600 nm	468-500 THz	1,95 – 2,06 eV
Galben	600-570 nm	500-526 THz	2,06 – 2,17 eV
Verde	570-490 nm	526-612 THz	2,17 – 2,53 eV
Albastru	490-430 nm	612-697 THz	2,53 – 2,88 eV
Violet	430-380 nm	697-789 THz	> 2,9 eV

Legendă: „**nm**" înseamnă *nanometru* (1 nanometru = a miliarda parte dintr-un metru); „**THz**" înseamnă *Terahertzi* (1 Terahertz = 1 bilion de Hertzi, adică un 1 urmat de 12 zerouri!); Hertzul este unitatea de măsură a frecvenţei cu care se repetă un fenomen într-o *singură secundă* – în cazul undelor electromagnetice 1 Hertz înseamnă că sinusoida undei (vibraţia!) se repetă *o dată* pe secundă); „**eV**" înseamnă *electronvolt* – o unitate de măsură a energiei în fizica atomică (desigur energia poate fi măsurată/exprimată şi prin mai cunoscutul *Joule*).

La o privire ceva mai atentă a tabelului constatăm că roşul (nuanţa lui cea mai intensă) are, comparativ cu alte culori, o *lungime de undă lungă*, 780 de nanometri, iar în acelaşi timp o *frecvenţă relativ joasă*, 384 Terahertzi, ceea ce face că şi *energia acestei culori este cea mai scăzută*, 1,6 electronvolţi. Cu cât ne îndreptăm spre capătul celălalt al spectrului culorilor constatăm că *lungimea de undă se scurtează*, în vreme ce *frecvenţa şi energia cresc*. Astfel, nuanţa cea mai intensă de violet are o lungime de undă de doar 380 nanometri, îsă o uriaşă frecvenţă de 789 THz (789 de bilioane de ori pe secundă!!!) şi o energie de minimum 2,9 eV, adică aproape dublă ca cea a roşului. Relaţia matematică dintre aceste trei mărimi – lungimea de undă, frecvenţa ei şi energia ei – explică aproape toate fenomenele privitoare la culori[37].

---

[37] Pentru o accesibilă aprofundare/elucidare arătăm: **1)** că *lungimea de undă* (notată în fizică λ = *lambda* în greacă) este egală cu rezultatul împărţirii

vitezei de propagare a undei (notată mereu în electromagnetism cu **c**) şi *frecvenţa* ei (notată cu *f*); aşadar λ=**c**/*f*. Pentru mai multă claritate citim această ecuaţie în felul următor: λ·*f*= **c**, *adică lungimea de undă înmulţită cu frecvenţa rezultă viteza de propagare a undei* – ceea ce atât matematic, cât şi fizical este exact. Or, viteza de propagare (**c**) are o valoare fixă, este aşadar o ***constantă*** – ea este în *vid* sau în *aer* (aproximativ) viteza luminii, aşa cum am văzut încă la Maxwell. Asta înseamnă că valoarea lungimii de undă (λ) înmulţită cu cea a frecvenţei (*f*) *cu necesitate trebuie* să rezulte exact constanta **c**. În consecinţă la *o altă undă*, cu o lungime de undă (λ) diferită, va fi şi frecvenţa (*f*) diferită, în sensul că, în comparaţie cu prima undă, dacă λ se *micşorează, f creşte*, şi invers. Luăm un exemplu absolut fictiv (pentru stupizenia căruia cerem scuze fizicienilor!): **Cazul I** - să zicem că viteza de propagare (**c**) este 200, lungimea de undă (λ) 50 şi frecvenţa (*f*) 4. Totul e clar: 50·4=200. **Cazul II** - o *altă undă* are însă lungimea de undă mai scurtă, să zicem, 25 în loc de 50. În acest caz frecvenţa va fi de 8 – căci 25 înmulţit numai cu 8 rezultă 200 – constantă care trebuie să fie *mereu* la sfârşitul formulei. *Energia* unei unde electromagnetice este *direct proporţională cu frecvenţa acesteia* (formula ei este *E*=*h*·*f* – unde *E* este energia, iar *h* constanta lui Planck). Aşa se explică „mecanismul" cifrelor din tabelul de mai sus (care se referă *exclusiv* la propagarea undelor electomagnetice prin vid şi aer), în sensul că, de la roşu spre violet, în vreme ce *frecvenţa şi energia cresc, lungimea de undă scade*. **2)** Parcurgând însă un mediu cu o permeabilitate magnetică redusă, de ex. sticlă, *viteza de propagare a undei electromagnetice* (**c**) *se reduce*. Adăugăm că *permeabilitatea magnetică* a unui mediu este în strânsă dependenţă de aşa numitul *indice de refracţie*, notat în fizică **n**. (în vid **n** este exact 1, în aer 1,000292, în apă 1,33, în lentila ochiului uman 1,35-1,42, în sticla de fereastră 1,52, în cristal 1,93, în diamant 2,42 etc. etc.) Viteza propagării undei înntr-un mediu cu un indice de refracţie *mai mare* decât 1 se calculează astfel: **c**(în mediu)=**c**(în vid)/**n**. Se vede că viteza propagării undei variază în funcţie de indicele de refracţie al mediului prin care ea se propagă – *cu cât mai mare este indicele de refracţie* (**n**), *cu atât mai mică va fi viteza de propagare a undei*. (dacă în vid undele electromagnetice se propagă cu viteza luminii, ca. 300.000 Km/sec., în aer viteza lor este de 299.710 Km/sec., în apă 225.000, iar în unele sticle optice doar 160.000 Km/sec.) Privind acum în această perspectivă relaţia λ·*f*= **c**, constatăm lesne că, odată ce **c** într-un mediu mai puţin permeabil va avea *altă valoare*, devenind un „**c**(în mediu)", ar trebui să se schimbe atât λ, adică *lungimea de undă*, cât şi *f*, adică *frecvenţa*, pentru ca amândouă, înmulţite, să rezulte noul **c**(în mediu) cerut de formulă. Dar nu este

În încheiere, este necesar să notăm că spectrul electromagnetic al culorilor este numai o părticică mică din spectrul electromagnetic cunoscut, însă este singurul segment *vizibil* pentru ființa umană. Astfel, mai la dreapta de roșu se află *infraroșul* (în trei

deloc așa! Este știut că *la propagarea uneia și aleleiași unde printr-un mediu mai puțin permeabil decât vidul sau aerul, frecvența (f) rămâne* **constantă**, în vreme ce doar *lungimea de undă (λ) se schimbă*. Lungimea de undă preia, ca să zicem așa, cerințele modificate ale lui **c**, fără a se mai putea compensa cu frecvența (*f*). Reluând primul nostru exemplu fictiv de mai sus, vom spune că de data asta viteza, **c**(în mediu), nu mai este de 200, ci, să zicem, doar de 160. În acest caz, conform formulei de bază $\lambda = c/f$, sau a celei citite „invers" $\lambda \cdot f = c$, relația nu mai este 50·4=200, cum era în **Cazul I**, ci 40·4=160 – viteza fiind scăzută la 160, frecvența ramânând 4, este „atribuția" lungimii de undă să se *scurteze* pentru a obține la urmă *necesarul* 160, cerut de formulă. Concluzie: *scade viteza de propagare, scade și lungimea de undă, însă frecvența, și deci și energia undei, rămân aceleași*. În realitate, calculele sunt mult mai complicate și cifrele date mai sus nu au nici o legătură cu realitatea fizică în ce privește valoarea lor și proporțiile dintre ele! Principiul *modificării* valorii lor este însă valabil. Aceasta este explicația fenomenului că atunci când un fascicul de lumină „albă" trece printr-o prismă din sticlă, se împarte în mai multe fascicule colorate din care el e compus, fascicule ce au *diferite lungimi de undă* cu toate dependente de **n** (indicele de refracție), care, la rândul său, determină modificatul **c**(în mediu). Lumina dezvăluie astfel componentele ei colorate și, datorită diferitelor *unghiuri de refracție* (am văzut asta deja la Newton), le așează frumos în spațiu formând o bandă minunată care este *spectrul electromagnetic al culorilor*! Aceleași împrejurări mai arată că, în cazul undelor electromagnetice ale spectrului vizibil, *frecvența undei determină culoarea* (căci ea rămâne constantă, ca și culoarea) *și nu lungimea de undă, cum se afirmă dese ori în mod eronat*. Așa se explică de ce un obiect, de pildă verde, scufundat în apă, va apare *mereu verde*, chiar dacă îl privim stând deasupra nivelului apei în care este scufundat, deci unda emisă de el parcurge două medii diferite, dintre care unul (apa) este mai puțin permeabil și *modifică doar lungimea de undă*. **3)** Mai trebuie consemnat că datorită faptului că viteza de propagare a undelor electromagnetice în aer este extrem de apropiată de cea în vid, s-a împământenit în fizică să nu se facă vreo diferență atunci când se vorbește atât despre viteză, cât și despre lungime de undă în cele două medii. Dacă nu e menționată vreo specificație, referința este mereu *la vid și la aer*.

grade), apoi *microundele* (tot în trei grade), şi şi mai la dreapta *undele radio* (ultrascurte, scurte, medii şi lungi) ca şi *frecvenţele joase* a căror extremitate o formează undele ELF (extremely low frequency) care au o lungime de undă în domeniul milioanelor de metri, dar o frecvenţă de doar 3 Hertzi şi o energie măsurabilă în câteva unităţi reprezentând fiecare un biliard dintr-un singur eV. Invers: mergând mai la stânga de violet întâlnim unde *ultraviolete* (şi ele în trei grade), apoi undele *röntgen* şi, în sfârşit, cele *gamma* cu o lungime de undă extrem de mică, 10 picometri (1 m = 1 bilion de picometri), cu o frecvenţă greu de imaginat de 30 de EHz (1 EHz, sau ExaHertz = 1 trilion de vibraţii pe secundă – un 1 urmat de 18 zerouri!) şi o energie de minimum 120.000 de eV, energie care, concentrată într-o explozie cosmică gamma, ar putea distruge întrega planetă. ...şi noi vedem din toată această înfricoşător de mare scală cu numere abia imaginabile, doar lumină şi culori frumoase!... Cu siguranţă, e bine aşa...

*

CE SPUNE NEUROFIZIOLOGIA DESPRE CULORI?

A arăta şi elucida ce ne spune neurofiziologia şi anatomia despre culori – ceea ce constituie tema prezentului capitol – este, în fond, încercarea de a explica *de ce* şi *cum* aparatul nostru perceptiv-vizual ne determină să „vedem" culori acolo unde ele nu există ca atare, adică în undele electromagnetice, aşa cum ne învaţă fizica. Altfel, şi pe scurt, spus: cum se face că la contactul cu aceste unde avem *senzaţia de culoare*? Filosofic exprimat, problema este: unde şi cum se naşte *culoarea ca atare*? În ce priveşte întrebarea *unde* se naşte sau se iveşte culoarea ca atare, vom începe chiar cu sfârşitul, spunând că ea *se iveşte în subiect*. În ce priveşte întrebarea *cum* se iveşte ea în subiect, trebuie pornit, de data asta, de la începuturile gândurilor legate de această problemă. Asta vom face în rândurile ce urmează.

Mai întâi achit datoria mea față de cititor (vezi nota 36), anume aceea de a arăta meritele deosebite ale fizicianului și fiziologului german Hermann von Helmholtz (1821-1894) în domeniul fiziologiei sistemului vizual uman. Pe lângă numeroase tratate de fizică (termodinamică, hirdodinamică, magnetism, electricitate, meteorologie etc.), Helmholtz a făcut decoperiri epocale în ce privește bazele matematice și fiziologice ale receptării tonurilor muzicale. Pentru teoriile lui privind fiziologia receptării culorilor savantul preia și apoi nuanțează și aprofundează teoria aditivă a percepției culorilor, enunțată de Thomas Young încă în 1807. În vreme ce Young susținea că toate nuanțele se formează în cadrul percepției pe baza combinației din șase tonuri de bază, Helmholtz demonstrează că toate combinațiile posibile se bazează pe doar trei culori și anume *roșu*, *verde* și *albastru*, și emite astfel cunoscuta *Teorie tricromatică* – tricromaticitatea vederii culorilor, care e valabilă și astăzi (sistemul RGB – red, green, blue). Teoria se mai numește și *Teoria Young-Helmholtz*. Ca și Young, Helmhotz posulează existența pe retina ochiului a *trei tipuri de senzori* care reacționează fiecare la diferite lungimi de undă a luminii.

Fiziologul german Ewald Hering (1834-1918) emite în cadrul cercetărilor sale în domeniul psihologiei și al fiziologiei creierului uman *teoria culorilor oponente*. Potrivit acesteia sunt patru culori percepute ca fiind pure: *albastru*, *galben*, *roșu* și *verde* la care se adaugă *alb* și *negru*. Hering constată că aceste culori, numite de el *originare*, funcționează în cadrul percepției ca fiind perechi oponente: *albastrul* oponent al *galbenului*, *roșu* oponent al *verdelui* și *negrul* oponent al *albului*. Teoria se aseamănă foarte tare cu teza *culorilor complementare* a lui Newton! Diferența este că Hering susține că această oponență se petrece *în creierul uman*. Preluată și nuanțată de fizicianul suedez Tryggve Johansson (în anii 1937-39), apoi încă o dată de fizicienii suedezi Sven Hesselgreen și Andreas Hård, teoria lui Hering devine baza pentru sistemul modern NCS, Natural Color System, formulat la

Scandinavian Colour Institute, Stockholm, standardizat și omologat în întreaga lume.

Toate tezele și postulatele lui Thomas Young, Hermann von Helmholtz și Ewald Hering au fost confirmate între sfârșitul secolului XIX și anul 1966 prin cercetările și descoperirile moderne în domeniul anatomiei și fiziologiei aparatului vizual uman.

Mai întâi urmărim, foarte simplificat, *doar în perspectivă anatomică*, drumul undei electromagnetice dinspre afară, prin ochiul uman și până în regiunile foarte profunde ale creierului, acolo unde apare senzația de culoare ca atare.

Combinate sau pure, provenind din reflectanța obiectelor privite, sau dintr-o iluminare specifică a acestora, sau din amestecul ambelor proveniențe, undele electromagnetice care corespund spectrului vizibil (așadar lumina albă și toate culorile) pătrund în ochiul uman traversând mai întâi *cornea, cristalinul* și *corpul vitros*. Apoi ele întâlnesc *retina*. La rândul ei, retina are trei straturi suprapuse. Primul este stratul *celulelor fotoreceptive* care sunt de două tipuri: *bastonașe* și *conuri*. Conurile sunt de trei feluri: „S" cu sensibilitate pentru lungimi de undă scurte, „M" cu sensibilitate pentru lungimi de undă medii și „L" cu sensibilitate pentru lungimi de undă lungi. Celulele fotoreceptive trimit impulsurile primite, deja prelucrate, mai departe către al doilea strat, cel al *celulelelor interneuronale*, care sunt și ele de trei tipuri: *orizontale, bipolare* și *amacrine*. Încă o dată prelucrate, impulsurile undelor electromagnetice sunt transmise de celulele interneuronale către cel de-al treilea strat al retinei numit *stratum ganglionare*, care conține *celule ganglionare retinale*. Axonii foarte lungi ai acestor celule formează împreună *nervul optic* și părăsesc ochiul înspre *cortexul vizual primar* V1 și cel *secundar* V2. Acolo, ca și în alte regiuni ale creierului unde o parte din informații ajung, se naște, prin complicate interacțiuni dintre aceste regiuni, senzația de culoare. Pe scurt, drumul undei electromagnetice înspre culoare este:

cornea → *cristalinul* ochiului → *corpul vitros* → *celulele fotoreceptive* ale retinei (bastonaşe şi trei feluri de conuri) → *celulele interneuronale* (orizontale, bipolare şi amacrine) aparţinând tot retinei → *celulele ganglionare* retinale → *nervul optic* → *cortexul vizual* primar şi secundar → *senzaţia de culoare*.

Dacă şi funcţionalitatea/fiziologia sistemului vizual ar fi fost tot atât de simplă, aşa cum am înfăţişat mai sus foarte schematic morfologia/anatomia lui, totul ar fi fost foarte lesnicios de înţeles. Dar nu este deloc cazul! Procesele ce se petrec în aproape toate „staţiunile" undei electromagnetice în devenirea ei ca senzaţie de culoare sunt pe alocuri extrem de complicate şi nu întotdeauna pe deplin elucidate de ştiinţă. Mai ales în vederea faptului că o descriere completă a acestor procese nu serveşte în mod direct scopul prezentei lucrări, vom renunţa – încă o dată! – la o asemenea întreprindere. Totuşi are sens să marcăm unele aspecte.

Notăm mai întâi că răspândirea celulelor fotoreceptive pe retină nu este deloc uniformă. Aşa numita „pată galbenă" (lat. *macula lutea*) conţine cea mai mare densitate de celule fotoreceptive. Ea are un diametru de 2,5-5 mm. În mijlocul acestei pete se găseşte o adâncitură minusculă (0,5 mm. diametru) numită *fovea centralis* unde imaginea formată este cea mai precisă. În vreme ce cele 6 milioane de conuri sunt împrăştiate în exclusivitate în *fovea*, cele 120 de milioane de bastonaşe ocupă loc pe restul suprafeţei petei galbene numită *perifovea*. În lumină de zi bastonaşele sunt inactive, dar în întuneric ele susţin capacitatea de a percepe culorile, chiar dacă ceva mai redus. Cu asta „misiunea" bastonaşelor se încheie. Percepţia culorilor este aşadar în exclusivitate atribuţia conurilor. Până nu de mult s-a crezut că cele trei tipuri de conuri – L, M şi S, pentru receptarea lunigimilor de undă lungi, medii şi scurte – corespund culorilor roşu (pentru L), verde (pentru M) şi albastru (pentru S), adică exact ceea ce a postulat Helmholtz în teoria tricromaticităţii numită şi Teoria Young-Helmholtz. Prin metode moderne s-a măsurat însă că sensibilitatea spectrală maximă a conurilor nu este, așa cum s-a crezut (roșu, verde și albastru – RGB), ci conurile numite L răspund la lungimi de undă de ca. 560 nm., ceea ce echivalează unui „galben-verzui", cele numite M răspund la lungimi de undă foarte apropiate de precedentele, 530 nm., ceea ce echivalează unui „verde-gălbui" și numai conurile numite S răspund la unde scurte, 420 nm., ceea ce echivalează culorii albastru. Teoria Young-Helmholtz nu corespunde cu realitatea fiziologică a aparatului vizual! Ea este valabilă doar ca principiu al tricromaticității percepției culorilor și, bineînțeles, în aplicările ei tehnice, care se bazează tocmai pe RGB (de exemplu televiziunea color). Cum se face că din aceste lungimi de undă, echivalente cu „galben-verzui", „verde-gălbui" și albastru, pot fi percepute mii de nuanțe din toate culorile? Se pare că genialitatea naturii nu are margini! Încă pe retină valorile semnalelor lui L, M și S sunt supuse unor operații de comparație, adițiune sau substracțiune extrem de complicate, după care, în stratul celulelor interneuronale (orizontale, bipolare și amacrine), iar apoi în stratul celulelor ganglionare retinale, sunt „traduse" în invesul lor, adică fiecare culoare în „oponentul" ei. Este exact ceea ce spunea Ewald Hering despre *culorile originare* împerecheate fiecare cu oponentul ei: *albastrul* oponent al *galbenului*, *roșu* oponent al *verdelui* și *negrul* oponent al *albului*. În creierul uman aceste valori „inversate", acum foarte diferențiate și nuanțate, sunt „retraduse" în senzațiile de culoare pe care le cunoaștem. Procesele ce se petrec în creier nu sunt încă în întregime elucidate. Descrierea de mai sus este și ea, așa cum am anunțat, incompletă și extrem simplificată.

Poate este bine să mai amintim că retina ochiului este din punct de vedere embriologic o parte din creierul uman (un fel de prelungire a acestuia). De asemeni amintim că unele animale „văd" un alt spectru de culori, mai mărit, sau mai micșorat, decât ființa umană.

Ținând cont de enorma complexitate a sistemului vizual, ca și de faptul că acesta este compus din extrem minuscule și sensibile părți, marea majoritate a oamenilor care văd bine și normal ar trebui să fie infint recunoscători soartei că în cazul lor nu s-a ivit nici măcar o mică greșeală. Căci se știe: teoretic cu cât un sistem este mai complex, cu atât cresc șansele unei labilități.

*

CONCLUZII LA PARTEA DOCUMENTARĂ

Din toată gândirea în perspectivă filosofică, fizicală și neurofiziologică despre culori putem trage următoarele concluzii:

Cea mai importantă concluzie este că *ceea ce numim culoare nu există în afara subiectului*, mai precis în afara creierului său. Culoarea este doar o *reacție* specifică la impulsul exercitat asupra ochiului de o undă electromagnetică[38].

---

[38] Cel târziu acum este momentul de a lămuri întrebarea, foarte legitimă, de ce un obiect/materie în stare naturală – adică ne vopsit sau colorat – apare totuși ca a avea o culoare anume. Realitatea este că materia *nu emite de la sine* unde electromagnetice din spectrul vizibil, ci că ea, datorită unor *însușiri chimice* specifice, pe de o parte *absoarbe*, iar pe de alta *re-transmite o parte* din frecvențele undelor electromagnetice ale spectrului vizibil ce o întâlnesc. Această „selecție" se datorează capacității materiei de *absorbție* și, respectiv, *remisiune* (mai sus în textul nostru a fost numită și *reflectanță*) a diferitelor frecvențe a undelor electromagnetice. De ex. o frunză verde care s-a ofilit va fi percepută ca a fi galbenă datorită schimbării însușirilor ei chimice – *remisiunea* ei corespunde acum frecvențelor pentru galben. Dacă asupra unui obiect nu „cade" deloc lumină, el nu va putea reflecta vreo undă electromagnetică din spectrul vizibil (vezi culoare). Tocmai de aceea se spune cu dreptate că în întuneric „toate pisicile sunt negre". Iată încă o demonstrație că **originea** culorii *nu este hylogenă* – nu aparține materiei în mod direct și intrinsec, ci doar indirect, prin *remisiune/reflectanță*. (În rom. *remisiune/reflectanță* = *reflectivitate*; iar *absorbție* = *absorptivitate*) Numai când privim culorile pure, desfășurate din lumină albă de o prismă, nu poate fi vorba de vreo remisiune/reflectanță.

În consecință un șir întreg de gânditori, de-a lungul a 2300 de ani, au avut dreptate în afirmațiile lor, mai mult sau mai puțin fundate, mai mult sau mai puțin complexe, potrivit cărora originea culorilor ar fi psihogenă și nu hylogenă, adică sălășluiește în subiect și nu în substanța obiectului. Îi amintim pe Democrit care a negat realitatea obiectivă a culorilor spunând că *„în realitate nu există culori"*, ca și pe Descartes atunci când afirma că există o *„diferență între sentimentul* (senzația), *așadar ideea care se formează prin intermediul ochilor în imaginația noastră, și ceea ce aparține obiectului care produce în noi acest sentiment..."* sau că *„percepțiile reprezintă un ne-lucru, ca și cum acesta ar fi un lucru"*; de asemeni multă dreptate a avut și John Locke cu a sa elegantă teorie a calităților primare, care se află în mod concret în obiect, și a celor secundare, care *„generează în noi idei* (vezi culori) *care nu au nici o asemănare cu obiectul perceput"* – într-adevăr: ce asemănare este între o undă electromagnetică și o culoare? Și Kant a avut dreptate afirmând că ceea ce numim culori *„sunt efecte doar întâmplător amestecate cu apariția și astfel legate de ea... și că ele sunt întemeiate doar pe senzații"*. În această lumină mai este de amintit și Schopenhauer, atât pentru declarația lui că o culoare este *enegie*, dar mai ales pentru afirmația lui *„Culoarea este activitatea calitativă diferențiată a ochiului"* – cât de adevărat! Păstrând unele mici rezerve mai constatăm că toate teoriile subiectiviste (cea a halucinației, cea a erorii sistematice și, fără vreo reținere!, cea a proiecției) descrise de Al-Saleh se înscriu pe linia corectă odată ce ele se bazează pe afirmația că ceea ce percepem *în* și *prin obiect nu este culoare* ca atare, ci doar în noi se ivește *senzația* de culoare. În sfârșit încheiem această enumerare cu celebra afirmație a lui Sir Isaac Newton *„Rays are not colored"* (Razele de lumină nu sunt colorate) și cu cea a profesorului german de biologie și filosofie (din nou o fructuoasă îmbinare de profesii!) Eckhart Voland *„Generate de creier, culorile sunt trăiri calitative a undelor electromagnetice într-o lume absolut fără de culoare"*. Descifrăm în acest citat atât o undă tristă (o lume fără de culoare!...), cât şi una foarte tonică, în sensul că *aptitudinea de a vedea culori este un dar cu totul deosebit pe care fiinţa umană l-a primit din partea naturii.*

Dar am comite o inexactitate filosofică dacă ne-am opri aici cu concluziile. Până acum am tras concluzii numai din perspectiva *efectului*, a senzaţiei de culoare petrecută doar în *subiect*, şi deloc din perspectiva *cauzei* care, evident, vine de la *obiect*: undele electromagnetice. Dacă, inversând acum perspectiva, vom căuta mai departe *în obiect culori*, am comite o greşeală de ne iertat: ar însemna să *căutăm identitatea efectului în sfera cauzei!*... Nu am ajunge la nici un rezultat! Consider că unii gânditori au comis această greşeală, căutând în cauză exact efectul. Este adevărat că cele două noţiuni – cauză şi efect – trebuiesc puse în corelaţie logică, dar tot atât de adevărat mi se pare că ele, în operaţiile de gândire, trebuiesc *riguros demarcate*, căci ele au în majoritatea cazurilor identităţi diferite. Înţelegând însă prin *cauză* a senzaţiei de culoare *în exclusivitate undele electromagnetice*, ceea ce este pe deplin adevărat, apare cu limpezime că ea, cauza, provine – e drept mijlocit! (vezi nota 38) – din, mai precis *prin obiect*. Doar puţin speculativ am putea spune chiar că această *cauză este indirect hylogenă*. Lanţul devine foarte clar: *originea* **cauzei** senzaţiei de culoare este *determinată hylogen* – în sensul că materia, datorită compoziţiei ei chimice specifice reflectă anume frecvenţe pentru anume culori, în vreme ce **efectul** acestei cauze, (senzaţia de culoare în sine), este fără îndoială *psihogen*. Ce diferite identităţi au cauza şi efectul în problema culorilor! Ce lecţie minunată de filosofie ne prilejuieşte tocmai această problemă!

Ţinând cont de faptul că undele electromagnetice sunt *cauza în şi mai ales* **prin** *obiect* a senzaţiei de culoare, putem revalorifica o altă serie de afirmaţii rostite de-a lungul vremii referindu-se la rolul obiectului în fenomenul culorilor. Când Democrit spune că impresia unei culori *„se naște doar ca urmare a pozițiilor atomilor"* în orice caz nu este în opoziție cu teoria modernă a fotonilor, căci la mărimi sub-atomare (cuante) și la mișcarea lor filosoful antichității nu ar fi putut să se gândească la vremea lui! La fel și Aristotel când vorbește de „însușirile" obiectului a căror percepție este doar un proces de *asimilare* și *actualizare* a lor în aparatul perceptiv (simțul văzului, respectiv ochiul). Nu acționează unda electromagnetică asupra ochiului? Când Descartes vorbește atât de des despre *corpusculi și însușirile lor geometrice și kinematice* ale obiectului nu este, în fond, foarte departe de actualele cunoștințe, ci doar terminologia face o diferență (mai ales ideea de *kinematică*, adică mișcare, pare a fi foarte actuală, iar *„corpuscul"* poate fi ușor înlocuit prin *„cuantă"*). Și toate teoriile obiectiviste (fizicalismul, dispoziționalismul și primitivismul) descrise de Al-Saleh au partea lor de dreptate deoarece ele se fundează pe epistemologia percepției, potrivit căreia subiectul cunoaște prin percepții însușiri *existente* în lume. Or, atât obiectul privit, cât și unda electromagnetică emisă de el *există*! În sfârșit, mai toate cercetările fizicii pe tema culorii se referă precumpănitor la obiect și mai puțin la subiect.

Înainte de a încheia, doresc să fac o mică notație. Cel ce va citi texte referitoare la culori va întâlni frecvent noțiunea de *loc al culorii* și chiar de o *geometrie* a ei. În mod intenționat nu am pomenit nici un cuvânt despre așa ceva, căci am convingerea că o culoare nu poate avea nici *loc* și nici *geometrie*. Toate teoriile legate de locul și geometria culorii sunt izvorâte din dorința de a reprezenta grafic cât mai multe culori și anume de a arăta în reprezentația respectivă vecinătățile (vezi „înrudirile") dintre ele, ca și posibilitățile de a le combina. În acest context s-a vorbit chiar de un moment *topogen* al culorii care ține mai curând de *colorimetrie* (metrica culorilor). Au apărut astfel multe reprezentări bi- sau tridimensionale, cu toate fascinante, cu zeci de nuanțe, dar care vorbesc de locul culorilor *în aceste reprezentări* și nicicum de vreun loc al culorii ca atare în natură sau în mintea umană. Nici despre temperatura culorii şi alte însuşiri importante ale ei nu am scris nici un cuvânt. De data asta pentru a nu încărca textul cu informaţii care, în relaţie cu tema principală, nu sunt importante.

Încredinţat fiind că am arătat cititorului toate aspectele fenomenului de culoare care sunt într-adevăr necesare pentru tema principală a acestui text, închei acum partea documentară a prezentului eseu lăsând loc, aşa cum am anunţat, părţii eseistice. Nu o fac însă înainte de a reproduce încă o dată trei fraze-cheie, deja exprimate mai sus:

- Ceea ce numim culoare nu există în afara subiectului, mai precis în afara creierului său.
- Culoarea este doar o reacţie specifică la impulsul exercitat asupra ochiului de o undă electromagnetică.
- Aptitudinea de a vedea culori este un dar cu totul deosebit pe care fiinţa umană l-a primit din partea naturii.

***

III - PARTE ESEISTICĂ
FIINȚA UMANĂ ȘI DARUL PRIMIT

În prezentul capitol încercăm să analizăm relația subiectului cu culoarea. Mai precis: *ce face* subiectul cu culoarea primită ca dar de la natură. Orientându-ne după criteriile *frecvenței*, *intensității* și *calității* relației ființă umană-culoare, distingem mai multe grade/valori ale acesteia.

CULOAREA ÎN VIAȚA COTIDIANĂ

Primul grad al acestei relații este și cel mai scăzut și are pentru subiect o valoare psihologică minimală; de o valoare spirituală nici că poate fi vorba. Este contactul zilnic, neîntrerupt cu culoarea. În stare de veghe, 15 până la 17 ore, percepem mii, dacă nu chiar milioane de impulsuri de culoare, aproape fără să ne dăm seama. Spunem că în acest caz frecvența contactului cu culoarea este imensă, în vreme ce intensitatea lui tinde către zero. Doar dacă, printr-un accident sau boală, am pierde subit capacitatea de a vedea culorile, ne-am fi putut da seama de importanța și frumusețea darului primit de la natură. Dar cum nu este cazul decât extrem de rar, neglijăm culoarea luând-o ca pe ceva de la sine înțeles, la fel ca acțiunea (inconștientă!) de a respira. S-ar putea spune că un asemenea contact cu culoarea este dezamăgitor. Dar nu este tocmai așa căci, în cadrul relației cotidiene neîntrerupte a ființei umane cu culoarea, aceasta din urmă este, ca să zicem așa, *inflaționară* – își pierde valoarea.

CULOAREA CA INFORMAȚIE

Lucrurile nu rămân însă la acest nivel. Tot în viața cotidiană culorii i se atribuie dese ori rolul de a identifica obiecte. De exemplu: „Toarnă-mi te rog cafeaua în cana cea *roșie*" sau „astăzi iau jacheta *verde*". Culoarea devine element de identificare, e drept la un nivel destul de primitiv. În aceeași categorie se înscrie și folosirea *convențională* a culorii. De pildă semafoarele de circulație la care diverse culori *înseamnă* ceva: a te opri, a putea merge mai departe etc. În comparație cu primul grad al contactului cu culoarea, frecvența este în această categorie ceva mai redusă, în vreme ce intensitatea contactului crește (dăm mai multă atenție unei culori), de asemenea și calitatea lui – culoarea devine deci mijloc de *identificare* sau *informație*, de multe ori extrem de importantă. Adăugăm că în fazele de început ale evoluției ființei umane, ca de altfel și la unele animale astăzi, culoarea era un mijloc primordial de informație cu privire la hrană: unde se găsește ea și dacă este aptă pentru a fi mâncată (mai ales în cazul fructelor). Această funcție, dealfel de ne tăgăduit, determină încă unii filosofi să explice fenomenul culoare în perspectivă *evoluționară*. Reprezentant de seamă a acestei opinii este filosoful american Daniel Dennett. Și la ființa umană astăzi se mai pot constata urme ale funcționalității originare ale culorilor: Nimeni nu va cumpăra roșii care au o nuanță de verde, căci ele sunt cu siguranță încă ne coapte. Culoarea transmițătoare *convențională* de informație!

CULOARE ȘI SIMBOL

O a treia categorie a relației ființei umane cu culoarea o formează *simbolica* fiecărei culori în parte. Relațiile cu culoarea devin în cadrul acestei categorii și mai intense din punct de vedere psihologic, cu toate că frecvența lor scade încă o dată în comparație cu primele două categorii (nu ne confruntăm la tot pasul cu simboluri). Este vorba aici de două feluri de simboluri referitoare la culoare: unele stabilite prin *tradiție* de fiecare etnie, care se pot schimba în diferite vârste ale evoluției acesteia, și altele ivite prin *experiența proprie* a fiecărui subiect în parte – gradul de acceptanță (simpatie) pentru o culoare, sau de inacceptanță (până la repulsie!) pentru o alta. Fiind vorba de o preferință personală pentru o culoare sau alta, nu mai poate fi vorba de o simbolică în sensul larg al cuvântului, ci doar de o relație psihologică față de ea

– desigur una cu caracter simbolic. Funcționalitatea relației cu culoarea, deci și calitatea ei, rămâne pentru ambele cazuri – simboluri tradițional acceptate și preferințe personale – aceeași: culoarea „spune" ceva și, dese ori afectează psihicul în intensități deloc neglijabile. Ca exemple pentru simbolica culorilor amintim: Încă din timpuri străvechi au fost asociate punctele cardinale cu culorile: în civilizația maia Estul însemna *roșu*, Nordul *alb*, Vestul *negru* și Sudul însemna *galben*, în vreme ce în China de odinioară Estul însemna *albastru*, Nordul *negru*, Vestul *alb*, Sudul *roșu* iar centrul însemna *galben*. În tradițiile populare de mai peste tot în Europa *verde* înseamnă speranță, *albastru* înseamnă fidelitate, *galben* gelozie, *roșu* dragoste, *alb* inocență și *negru* înseamnă moarte/necaz. La japonezi, de pildă, culoarea de doliu este *albul*, iar pentru egipteni tonurile de *roșu* și *ocru* însemnau amenințare. Misterios și plin de farmec sună în limbajul alchimiei numele diverselor trepte de inițiere simbolizate prin culori: *Nigredo* (pentru disoluție și decompoziție), *Albedo* (micile mistere), *Rubedo*, roșu/rubin (marile mistere) iar inițiații se bucurau de viziunea *Smaragdină*, un verde smarald pe care îl întâlnim și în unele practici esoterice din islam. Mai amintim că în Renaștere a fost introdus un sistem de simboluri care lega planetele, culorile și câte un element: *galbenul* simboliza soarele și aurul, *albul* simboliza luna și argintul, *roșul* simboliza planeta Marte și fierul, *negru* simboliza planeta Saturn și plumbul etc.etc. Și diverse combinații de culori au primit o simbolică, de exemplu *albastrul alăturat aurului* însemnau bună dispoziție și amuzament, în vreme ce *albastrul alăturat roșului* însemna inpolitețe, iar *negrul alăturat aurului* însemna onoare și longevitate etc. etc. Exemplele se pot înmulți considerabil, dar nu cred că servesc decisiv scopului acestui text. În încheiere este de semnalat că preferințele sau repulsiile personale pentru o culoare pot avea atât cauze „externe", cât și „interne", ca să zicem așa. Cauzele „externe" pot avea originea într-o experiență pozitivă sau negativă cu o culoare; de exemplu nu cred că cineva care a văzut un apropiat de-al său murind într-o baltă de sânge, va mai fi vreodată atras de culoarea roşu... Cauzele „interne" nu au fost încă elucidate de neurofiziologie – vezi *qualiile* (Nota 28)! Eu personal înţeleg, mai precis *simt!*, în albastru deschis cu totul altceva decât arată vreo enumerare de mai sus, iar verdele, în afară de cel al naturii(!), nu îl pot suporta, deşi nu am avut vreo experienţă negativă cu această culoare!

RELAŢIE ACTIVĂ FIINŢĂ-CULOARE

Următoarea categorie a relaţiilor subiectului cu culorile este, în comparaţie cu cele trecute până acum în revistă, una ceva mai specială. Mai specială datorită faptului că pentru prima dată subiectul are o *relaţie activă* faţă de culori, spre deosebire de celelalte relaţii unde el era doar indiferent sau relativ pasiv la receptarea culorilor. Astfel fiind, acest tip de relaţie arată o intensitate şi mai ales o *calitate mult sporită*. Este cazul în care subiectul *aduce activ către sine anumite culori*, bineînţeles preferate, spre a-şi înjgheba mediul privat (vezi locuinţa) sau apariţia sa în mediul social, articulată mereu şi prin vestimentaţie. Dacă subiectul nu este *total* căzut pradă modei, el va alege conform gustului şi personalităţii sale atât culorile ce alcătuiesc „cuibul" său, cât şi pe cele ale vestimentaţiei sale. Alegerea poate fi foarte creativă, formând astfel o treaptă premergătoare a artei (şi artiştii se exprimă foarte des prin culori)! Nu rare ori culorile modei vestimentare alese „vorbesc" şi despre starea psihică a subiectului. Triste şi câteodată chiar dezgustătoare sunt cazurile celor care, mai ales în domeniul vestimentaţiei, sunt „robii" modei, „înrobind" la rândul lor, până la estropiere şi distrugere, propria personalitate (dacă o mai au!...).

CULOARE ÎN NATURĂ

În sistematizarea noastră a diverselor tipuri, grade şi valori ale relaţiei fiinţei cu culorile, amintim acum o penultimă categorie pe care am putea să o numim *fascinaţia culorilor în natură*. Deşi destul de rar, se întâmplă oricui să privească „spectacole de culoare" ale naturii care sunt de-a dreptul covârșitoare în frumusețea și măreția lor. Este vorba, de exemplu, de răsărituri sau apusuri de soare cu mii de nuanțe de roșu, galben și oranj, de erupții vulcanice, de vreun peisaj montan de iarnă în care diferitele nuanțe de verde cu tentă albă din primele planuri se transformă, de-a lungul șirurilor de munți sau dealuri aflate din ce în ce mai departe, în nuanțe de gri până la albastru și violet, ca și cum ar fi fost armonizate de mâna vreunui pictor desăvârșit, sau despre culorile mării puțin înaintea unei furtuni. Un asemenea peisaj copleșește, pur și simplu, ființa. Ea se oprește un oarecare timp în extazul contemplației – parcă *iese din timpul ei* pentru câteva minute. Ființa încearcă *să ia cu sine*, să înregistreze în sinea ei, să tezaurizeze în memoria ei, impresia fascinantă. Spectacolul devine amintire care, de multe ori, nu se șterge până la moarte. El devine un fel de „arhetip emoțional-estetic". În asemenea cazuri culorile sunt agentul operator principal al deosebitei impresii psihologice. Este clar că intensitatea acesui fel de contact cu culorile este extrem de mare. Din păcate frecvența lui este foarte redusă – unii oameni au privilegiul de a trăi conștient așa ceva doar de câteva ori în viață.

CULOARE ȘI ARTĂ

Abia acum putem trece cu îndreptățire la ultima categorie a relațiilor ființei umane cu culoarea. Este categoria cea mai înaltă, cea mai complexă, iar calitatea și intensitatea relațiilor subiect-culoare la care ea se referă este dese ori maximă. Vorbim despre *relația ființei umane cu culorile* ***în și prin*** *artă*. De la bun început spunem că în cadrul acesteia acționează atât *principiul fascinației* (cel puțin ca deziderat), dedus la categoria prezentată adineauri, cât și acela al *atitudinii active* față de culoare (în exclusivitate din punctul de vedere al artistului) stipulat ceva mai înainte. Ambele principii sunt în relația *culoare în artă-ființă umană* mult aprofundate, nuanțate și potențate. Sper că s-a întrevăzut deja faptul că în acest tip de relație avem de a face cu două ființe umane: *artistul-*

emițător de culoare și *iubitorul de artă-receptor* al mesajului cromatic. De la sine înțeles este faptul că ne referim doar la așa numitele „arte vizuale": pictura, teatrul (înglobând scenografia și costumele), fotografia, filmul și, într-o oarecare măsură, arhitectura (înglobând arhitectura interioară) și spectacolul coregrafic. În toate aceste forme de expresie/creație culoarea joacă un anume rol, uneori de primă importanță, alte ori doar secundar. Mă încumet să spun că aproape niciodată culoarea apare ca a fi *singurul* mijloc de expresie într-un act artistic. Orice operă artistică este un compozit de mijloace de expresie.

Cu toate că există excepții – unele cu totul spectaculoase și cu o surprinzătoare eficiență – consider îndreptățit să spunem că, îndeobște, în spectacolul coregrafic și în arhitectură culoarea, înțeleasă ca mijloc de expresie, joacă un rol mai curând subordonat, în vreme ce în arta fotografiei, a filmului și a teatrului rolul ei crește din ce în ce (în această ordine) ajungând la pictură, unde ea devine nu rare ori chiar modalitatea principală a artistului de a se exprima. Ne intenționând în acest text să operăm o analiză stilistică a rolului culorii în arte în general (ceea ce ar însemna o lucrare întinsă poate pe mai multe volume de carte!), ne mulțumim doar să aducem în discuție câteva exemple din pictură și din film. Rămânem doar la nivelul exemplului, însoțit de câteva comentarii scurte, căci, așa cum am stipulat mai sus, și în aceste două arte – mai ales în aceste două arte! – elementul culoare este strâns legat în funcționalitatea sa estetică de alte mijloace de expresie, cum sunt în pictură forma, linia, compoziția etc., sau în film montajul (ritmul și felul în care imaginile se succed), muzica, jocul actorilor, compoziția cadrului etc. Or, a extrage dintr-un asemenea conglomerat organic de mijloace de expresie doar unul – culoarea – și a-l analiza estetic, așa ca și cum ar fi un element singular, consider a fi o greșeală metodologică fatală din care ar rezulta un „discurs estetic" steril, artificial, foarte apropiat de pălăvrăgeală. Analiza stilistică este cea mai importantă și cea mai dificilă disciplină a esteticii.

ABSTINENȚĂ CROMATICĂ ÎN ARTĂ

În artele bazate pe imagine sunt doi factori posibili care se opun sau se mai opun cromatismului sau cromatismului intens. Primul este *determinat istoric*: Picturii nu i-au stat dintotdeauna la dispoziție întreaga gamă de pigmenți pe care noi o cunoaștem azi, așa cum filmului și fotografiei nu le-au stat la dispoziție încă de la începuturi tehnica „color". Al doilea factor și cel mai important care duce la evitarea sau reducerea cromatismului este de *natură estetică*. A existat și mai există și azi o anume sensibilitate estetică a artiștilor care „pune frâu", ca să zicem așa, exagerărilor coloristice (tipice multor diletanți!), ba chiar îi determină pe unii artiști să se exprime mono- sau bicolor, în orice caz să reducă drastic paleta lor de culoare. Pentru o anumită „abstinență" cromatică în pictură putem numi un *Autoportret* al lui Rembradt din anul 1659, *Marietta: Odalisca romană*, 1843, și *Femeia cu perlă*, 1868-70, de Jean-Baptiste Corot, *Floarea-soarelui*, pictată de Van Gogh în 1888, toate lucrările în alb-negru făcure de Odilon Redon până în 1890, ca și unele lucrări ale grupului pictorilor Nabiști sau Simboliști. În același sens putem numi pentru arta filmului adevărate capodopere realizate intenționat în alb-negru cum sunt, de exemplu: filmele lui Alain Resnais (*Hiroshima, mon amour* și *Anul trecut la Marienbad*), *Rocco și frații săi*, făcut de Luchino Visconti, *La strada*, de Frederico Felini, *Zorba grecul* în regia lui Mihalis Kakoianis sau *Andrei Rubliov* realizat de Andrei Tarkovski, film asupra căruia vom reveni. Este foarte semnificativ că și acum marea majoritate a expozițiilor de fotografie artistică prezintă opere în alb-negru. După părerea mea reducerea și mai ales eliminarea cromatismului se înscrie într-o tendință aproape permanentă în toate artele de a sublima expresia artistică la un minimum necesar în favoarea conținutului ei spiritual, cu alte cuvinte a renunța la tot ce poate însemna „balast" care ar distrage atenția privitorului de la ideea centrală, nu în ultimul rând printr-o emoționalitate ne dorit de intensă și/sau prin mărirea exagerată a elementelor oferite percepției. Procedeele stilizării și abstractizării nu sunt deloc străine acestei tendințe de sublimare.

TREI FUNCȚII ALE CULORII ÎN ARTĂ

Ne întoarcem acum la majoritatea artiștilor imaginii care prețuiesc cromatismul, dintre care nu puțini sunt chiar fascinați de culoare, mânuind-o cu măiestrie și astfel înlesnind privitorilor operelor lor să se bucure la cele mai înalte niveluri de acest dar primit de ființa umană din partea naturii – aptitudinea omului de a vedea culori. Împărțim funcționalitatea culorii în imagine în trei categorii. Astfel, culoarea poate avea o funcție *denotativă*, una *decorativă* și una *conotativă* sau *psihologic-inductivă*. În cadrul funcției *denotative* culoarea satisface dezideratul fidelității imaginii față de natură: alături de formă înțelegem prin ea despre ce obiect este vorba în imagine (foc, zăpadă, apă etc.). În cadrul funcției *decorative* culoarea contribuie la aspectul estetic general dorit de artist, vezi compoziția cromatică, îndeobște sub imperativul armoniei (există și voite dizarmonii!). În cadrul funcției *conotative* sau *psihologic-inductive* culorii îi este atribuit un rol de primă importanță, căci ea articulează, în fond, intențiile și comentariile personale ale artistului; ea produce senzații intense de culoare care *pătrund*, dese ori cu vehemență, în psihicul privitorului (de aceea am numit funcția *inductivă*). Într-un asemenea caz se vorbește și despre efecte de culoare. Culorile funcționând conotativ/psihologic-inductiv stau cu cea mai mare evidență sub semnul *libertății*. Este *libertatea totală a artistului* de a da imaginii prin asemenea articulații cromatice direcția emoțională dorită, și totodată *libertatea totală a privitorului* de a înțelege și mai ales a simți prin aceste efecte ceea ce el, personal, dorește, cu alte cuvinte să meargă independent către *conotațiile* și chiar către metaforele ce i le inspiră culoarea. Amintim că libertatea privitorului în percepția culorii se datorează în principal indeterminabilității corelatului informațional și rațional al unei culori, a așa numitelor *qualii*, în sfârşit datorită faptului că nici o culoare nu transmite un *semnificat*, deci nu are o *semnificaţie* proprie, unanim acceptată – motive expuse deja în acest text. Este de netăgăduit că funcţia *conotativă* sau *psihologic-inductivă* a culorii în imagine este cea mai înaltă şi fertilă funcţie a ei. Din aceste motive vom da exemple din pictură referindu-ne precumpănitor tocmai la această a treia funcţie a culorii. Însă mai întâi doresc să subliniez că cele trei funcţii ale culorii în imagine nu trebuiesc înţelese ca fiind independente una de alta, şi cu atât mai puţin izolate spaţial: aici o zonă de culoare denotativă, alături alta cu funcţie decorativă şi colo culoarea de efect. Mult mai curând una şi aceiaşi zonă de culoare poate îndeplini două sau, câteodată, poate chiar cele trei funcţii deodată. În acest context remarcăm că atât culorile care funcţionează *denotativ*, cât şi cele care funcţionează *conotativ* îndeplinesc deopotrivă şi o funcţie *decorativă*, căci ele ascultă mereu de concepţia cromatică a artistului pentru întreaga imagine (fie în sensul armoniei, fie în cel al voitei disarmonii). Nu mai puţin adevărat este faptul că uneori o zonă cromatică având o funcţie conotativă/psihologic-inductivă (efect!) poate elimina funcţia denotativă şi ocupa locul acesteia (de ex. obrazul unui personaj pictat în albastru sau cerul roşu opac). Toate permutările şi toate schimbările centrilor de greutate/importanţă între cele trei funcţii sunt posibile – fiinţa artei e logodită pe vecie cu libertatea! Şi acum promisele exemple.

În spiritul celor trei feluri de funcţionalitate a culorii în imagine, postulate mai sus, am ales doar opere în care *în mod vizibil* cromatica nu este supusă *în exclusivitate* funcţiei denotative (fidelitatea faţă de natură), ci contribuie în mod *activ* şi *foarte personal* (prin elemente inedite/surprinzătoare şi efect!) la funcţia decorativă, ba chiar tinde să exercite o funcţie conotativă sau psihologic-inductivă, cum o mai numim. Altfel spus: imagini în care culoarea „vorbeşte" mai mult decât se poate aştepta. Cum se vede, criteriul însăşi este subiectiv, deci asemenea şi alegerea făcută; că aceasta din urmă nu este exhaustivă se înţelege de la sine.

CULOARE ÎN PICTURĂ

După o „călătorie" destul de lungă prin tezaurul universal al imaginilor – începută cu arta rupestră preistorică şi continuată cu pictura egipteană, etruscă, greacă, bizantină etc. – ne surprinde din punct de vedere al culorii mai întâi aşa-zisul *duecento* italian. În acest secol (XIII) se formează în bazinul mediteran o nouă sensibilitate artistică animată de cultul foarte răspândit pentru Sfântul Francisc din Assisi dar şi de dorinţa de a se reîntoarce la măreţia imperială romană de mult apusă. Operele produse în acest timp se caracterizează printr-o tendinţă expresionistă şi dramatică. Mai cu seamă la şcoala de la Siena se cultivă *„eleganţa liniilor, acordul rafinat al culorilor, emoţia poetică şi zborul imaginaţiei"* cum spune cercetătorul André Chastel. Deşi îndeplinind încă doar funcţii decorative, culorile unora dintre aceste lucrări se caracterizează printr-o vibraţie şi frumuseţe deosebită. Numim din şcoala seieneză *Naşterea Sfântului Ioan Botezătorul* (ca. 1270-80) de la pinacoteca din Siena, dar, în aceeaşi ordine de idei, putem merge şi mai departe în *trecento-ul florentin* amintind-ul pe Giotto di Bondone cu detaliul de frescă *Sfântul Francisc dându-şi mantia săracului* (ca. 1300) şi, în *trecento-ul sienez*, evocând lucrările lui Duccio di Buoninsegna *Închinarea magilor* (ca.1302-11) şi *Sfintele Marii la mormânt* (ca.1308-11) aflate la Muzeul catedralei din Siena. Ajungând la *quattrocento-ul florentin* constatăm că acordurile şi tonurile culorilor sunt şi mai rafinate, deşi rămân la funcţionalitatea lor decorativă. De ne uitat sunt lucrările lui Giovanni da Fiesole numit şi „Fra Angelico": *Bunavestire* (ca. 1437) frescă la mânăstirea San Marco din Florenţa, un detaliu numit *Încoronarea fecioarei Maria* (1430-40) aflat la Muzeul Luvru sau foarte curajoasa cromatică din *Scene din viaţa lui Cristos, Bunavestire* (după 1450) de la mânăstirea San Marco din

Florența. Cred că se poate spune cu îndreptățire că tot *quattrocento-ul*, atât cel florentin, cât și cel din Umbria, Padova sau Veneția, excelează prin mari „coloriști" cu o deosebită dragoste pentru culoare și știință de a o mânui. Numim, alături de cei deja evocați, doar câțiva: Masaccio, Ucello, Piero della Francesca, Botticelli etc. Continuând „călătoria" noastră prin lumea frumuseții culorilor, îl întâlnim în *cinquecento-ul* italian pe marele Michelangelo Buonarroti. Ne minunăm de toată opera sa și, din punctul de vedere strict al culorilor, mai cu seamă de *Sfânta familie* (1503) în posesia Muzeului Uffizi din Florența și de *Iudita*, făcând parte din celebra frescă din Capela Sixtină (1508-12) de la Vatican. Admirăm și culorile deosebit de tari și acurate din lucrarea lui Giorgio Barbarelli, zis „Giorgione", *Cei trei filosofi*, ce se găsește la Kunsthistorisches Museum din Viena. De asemeni ne delectăm cu culorile impresionante, devenite simbolice(!), din lucrarea lui Jacopo Robusti, zis „Tintoretto" (1518-1594), *Cristos mergând pe apă*, de la National Gallery of Art, Washington.

Cu siguranță influențată de spiritul Renașterii, care se răspândea atunci în întrega Europă, dar și sub influența „lecției italiene", pictura din restul Europei parcă sa trezește din dogma medievală și se avântă spre rafinament și chiar spre noi forme de expresie. Un tânăr artist grec, Domenikos Theodokopoulos, după ce a părăsit insula lui de baștină, Creta, și a zăbovit la Veneția și Roma, a ajuns până la urmă în Spania, la Toledo, unde sub numele de El Greco a făcut o carieră fabuloasă. Prin talentul său deosebit și cunoștințele sale a contribuit hotărâtor la evoluția picturii spaniole, aducând tocmai acea „trezire" amintită. Din punctul de vedere al culorii, *Fecioara Maria*, detaliu din lucrarea *Sfânta familie*, aflată la spitalul Tavera din Toledo, este atât o capodoperă, cât și un „unicum" și un „novum". Izbitor și fascinant este cum culoarea roz a mantiei – tocmai rozul, atât de riscant în pictură! – se prelungește într-o nuanță mult mai deschisă pe obrazul personajului! În același spirit amintim și tabloul *Vedere din Toledo pe timp de furtună* (1608) păstrat la Metropolitan Museum din New York, unde doar două culori, verde şi albastru închis, devin mijlocul principal de expresie, preluînd aproape toate funcţiile volumelor, liniilor şi chiar a luminii. Cerul este realizat în acestă lucrare cu libertatea şi neconvenţionalismul pe care o au doar acuarelele secolului XX!

Este indicat să facem o mică pauză în „călătoria" noastră pentru a sublinia că până la această dată nici filosofia şi nici fizica nu spusese încă vreun cuvânt mai profund despre culori. Când El Greco a pictat ultimul tablou ce l-am evocat, în 1608, Descartes avea doar 14 ani, iar Isaac Newton nu era încă născut! Cât de mult ştiau deja pictorii despre culori, despre tehnicile de a le prepara, posibilităţile de a le amesteca şi, mai ales, de a le armoniza!

Suntem deja în secolul XVII şi îl întâlnim, tot în Spania, pe Francisco de Zurbarán care pe lângă ale sale celebre „naturi moarte" cu un colorit extraordinar de viu, cum este *Lămâi, portocale şi trandafir* (1633), crează un tablou unic: *Sfânta Casilda* (1638-43) expus la Muzeul Prado din Madrid. Această lucrare este uluitoare din punct de vedere cromatic: o îmbinare deosebită între violet, albastru, roşu şi ocru! Cum am amintit, emanciparea în general şi cea cromatică în special, se face văzută în toată Europa: În Olanda prin Jan Vermeer van Delft, dintre lucrările căruia numim *Fata cu turban* (1665 ?); în Franţa îl întâlnim pe Georges de la Tour care, e drept, este în prim rând un mestru încă neîntrecut al luminii, însă redă magistral relaţia culorii cu lumina, cum de exemplu în *Magdalena veghind*, sau în *Sfântul Iosif dulgher* – toate la Luvru în Paris. În sfârşit în următorul secol, al XVIII-lea, nu putem să-l omitem în ce priveşte coloritul pe Giambattista Tiepolo şi evocăm cu mare plăcere *Triumful lui Zefir şi al Florei*.

În spiritul opticii şi criteriilor de selecţie alese de noi – emanciparea culorii – secolul XIX aduce cu sine un adevărat şoc (pozitiv!), un „cutremur" în estetica imaginii. Trecem peste multiplele şi complexele cauze ale ivirii acestei înnoiri – ar lungi insuportabil expunerea! Semnalăm doar că aceste cauze trebuiesc căutate în marile prefaceri şi înnoiri ale secolului în general, începând cu cele politice, sociale, ştiinţifice şi tehnice şi sfârşind cu cele culturale. În ordine cronologică îl numim mai întâi pe artistul german Caspar David Friedrich. El este probabil primul care, în tablourile sale care sunt mai curând viziuni, acordă culorii rolul principal, conferindu-i chiar funcţia numită de noi *conotativă* sau *psihologic-inductivă*. Culorile la Friedrich sunt ireale, accentuat penetrante, obligându-ne să vedem totul printr-un filtru atât cromatic, cât şi, mai ales, subiectiv. Absolut inedite în istoria artei de până acum sunt pânzele *Curcubeu deasupra unui peisaj muntos*, cel numit *Lumina dimineţii* (1808), ambele la Folkwang Museum Essen şi *Pereche contemplând Luna* (1819). Dar adevăratul şoc şi impuls incontestabil pentru arta modernă ce imediat va urma este opera englezului William Turner, considerat încă din copilărie a fi un geniu (a fost admis la cursurile Academiei Regale la vârsta de 14 ani!). El şi-a început cariera pictând acuarele, ceea ce a influenţat foarte tare lucrările întregii sale vieţi. Într-adevăr în pânzele lui cele mai cunoscute, de exemplu *Castelul de la Norham la răsăritul soarelui* (după 1830) şi *Lumină şi culori* (1843), ambele în posesia celebrei Tate Gallery din Londra, culoarea nu numai că are funcţia principală în imagine, ci înlocuieşte toate celelalte mijloacele tehnice (linia, volumul etc). Ca în acuarelele de cea mai bună calitate, culoarea la Turner se prelinge din una în alta, „vorbind" în ansablul tabloului despre o lume de dincolo de el, perceptibilă însă doar prin senzaţii cromatice. Acest stil şi aspect hieratic al imaginii l-a determinat pe mai bătrânul şi mai tradiţionalistul coleg al pictorului, John Constable, să spună că Turner pictează „cu abur colorat" – ceea ce este exact, însă în cel mai bun sens al cuvântului! Mai amintim lucrările *„Temerarul" remorcat după ultimul său drum* (1838), la National Gallery Londra, *La piazzetta* (1839-40) şi *Funeraliile maritime ale* *pictorului David Wilkie* (1842), ultimele două la Tate Gallery, Londra. Toate pânzele evocate abia dacă prezintă obiectele ca atare, mulțumindu-se să redea doar prin culoare *impresia* existenței lor. După părerea mea Turner a pregătit, da, chiar a influențat și a legitimat(!), apariția *Impresionismului*, ce avea să se ivească în Franța la numai 23 de ani după moartea englezului survenită în anul 1851; dar și pictura abstractă, apărută ceva mai târziu, își poate găsi confirmarea sau rădăcinile tot în opera lui Turner.

    Câțiva artiști francezi care refuzau să urmeze principiile academic-conservative privind pictura au constituit în anul 1874 „Societatea anonimă a artiștilor pictori, sculptori și gravori" și au organizat în atelierul fotografului Gaspard-Félix Tourmachon (pseudonim „Nadar") o expoziție ce a fost din păcate foarte criticată. Printre lucrările celor 39 de artiști se afla și o pânză, astăzi celebră, a lui Claude Monet intitulată *Impresie, răsărit de soare* (1872), acum în posesia Muzeului Marmottan din Paris. Trebuie spus că Monet a locuit o vreme în Anglia unde a cunoscut arta lui Turner (tabloul despre care vorbim ar fi putut foarte ușor să fi fost pictat de Turner – atât de mare este asemănarea!). Un critic răutăcios, inspirat de titlul acestui tablou, a numit grupul de artiști „Impresioniști". Impresionismul a rămas pe vecie în istorie, susținut și „înnobilat" de numele și operele primilor organizatori ai expoziției, cum sunt Monet, Renoir, Pissaro, Cézanne și Degas, dar și de cele ale premergătorilor lor, Manet, Boudin și olandezul Jongkind, în vreme ce numele criticului (Louis Leroy) s-a pierdut în negura vremurilor – ce bine! Se poate spune că expoziția din atelierul lui Nadar în 1874 este actul de naștere al picturii moderne. Tema centrală a impresionismului fiind lumina, și culoarea doar ca o consecință a acesteia, nu amintim mai multe pânze aparținând curentului – cu toate că majoritatea lor au un colorit liber și de o vibrație extraordinară!

Cum se știe, după „momentul Nadar-1874", care a fost repetat anual încă de șapte ori, a început în lumea artelor plastice o succesiune alertă de curente, „școli", grupări, care, odată cu începutul secolului XX, a căpătat o și mai mare diversificare și amplitudine, devenind vizibilă în toate – absolut în toate! – artele. Este o epocă deosebit de fertilă, uneori vădit experimentalistă, în care se căutau preponderent mijloace de expresie și tehnici noi. Deși punctul culminant în ce privește emanciparea picturii față de toate legile ei a fost atins încă în 1910, când Kandinski a realizat prima acuarelă abstractă, non-figurativă, fervoarea căutărilor nu a încetat, părăsind mai târziu chiar și domeniul imaginii așezate pe un suport plan (tablou) și abordând prezentarea de obiecte ca atare (Marcel Duchamp cu primul *ready made*, 1917), happening-uri, instalații ș.a.m.d., practicate încă astăzi. Păstrând criteriul nostru de selecție, culoarea ca element din ce în ce mai important în expresia imaginii, vom da pentru această epocă doar câteva exemple, căci de la impresionism încoace „oferta" artei este într-adevăr imensă. Îl remarcăm pe Vincent Van Gogh *Autoportret cu urechea tăiată* (1889) și *Lan de grâu cu corbi* (1890). De asemeni pe Paul Gauguin cu lucrările sale *...și aurul trupului lor* (1901) de la Luvru, *Călăreți pe plajă* (1902), Folkwang Museum Essen și neapărat lucrarea intitulată *Fatata Te Miti* (1892) aflată la Washington D.C., National Gallery of Art. Așa numitul curent *Fauvism* excelează prin intensitatea coloriturilor: Maurice de Vlaminck cu *Portretul lui André Derain* (1905), Henri Matisse cu *Portretul D-nei Matisse*, numit și „Portret cu dungă verde" (1905) și celebrul său *Nud roz* (1935), Museum of Art, Baltimore, sau acuarela lui Raul Dufy *Omagiu lui Mozart* (1915) sunt doar câteva exemple. Deoarece cronologia este foarte greu de respectat pentru acest timp, ne permitem să ne reîntoarcem la cumpăna secolelor și să amintim expresionismul, evocându-l neapărat cel puțin pe norvegianul Edvard Munch cu tulburătorul său tablou *Neliniște* (1894). Și genialul Pablo Picasso în perioada sa „cubistă" trebuie amintit cu binecunoscuta capodoperă *Domnișoarele din Avignon*

(1907), la Museum of Modern Art, New York. Din gruparea artiştilor numită „Blaue Reiter" trebuie pomenit tabloul *Calul albastru* (1911) şi *Mielul albastru* (1913) ale lui Franz Marc. Ajungem în sfârşit la pictura abstractă din care nu vom da nici un exemplu de lucrare, căci aceast fel de a picta se bazează aproape mereu pe culoare. În pictura abstractă culoarea „vorbeşte" în mod preponderent, iar când ea „strigă" nu poate rămâne ne auzită! Fără culoare nu ar rezista estetic nici o lucrare a lui Kandinski, Klee, Miró, Mondrian şi a atâtor altora „abstracţi". Funcţia culorii în pictura abstractă, non-figurativă, este vădit cea *conotativă* (să spunem psihologic-conotativă) sau, cum am mai numit-o, *psihologic-inductivă*. Pictura abstractă înseamnă, în fond, *culoare şi formă* – culoarea formei sau forma culorii, cum vreţi! – atât, şi nimic mai mult! Dar acest „atât" înseamnă foarte mult! ...el înseamnă *libertatea totală a privitorului*... el înseamnă, poate, tot atât de mult cât muzica! Nu rare ori s-a spus că pictura abstractă este muzică în culoare şi formă! Eu adaug: o muzică fără Timp! S-ar putea spune că muzica este pictură abstractă în timp, iar pictura abstractă este muzică în spaţiu. Una şi aceeaşi Zeiţă a libertăţii în artă acţionează ba în timp, ba în spaţiu. Atât de înrudite sunt muzica şi pictura abstractă!

E drept, enumerarea mea pe criterii *sui generis* a ieşit ceva mai lungă decât aş fi dorit, totodată am senzaţia de culpă că ea ar fi, pentru cititori mai exigenţi şi competenţi, prea scurtă; la urma urmei am numit numai 39 de lucrări pentru a exemplifica evoluţia şi emanciparea culorii în arta imaginii petrecută în cel puţin 800 de ani. Să-mi fie scuzată atât lungimea, cât şi scurtarea sau omisiunile expunerii.

Sugerez cititorului să aleagă la întâmplare unul sau două dintre tablourile evocate, sau din cele probabil mai multe zeci sau sute omise de mine, şi să încerce să şi-le imagineze fără culori. Dacă experimentul reuşeşte, cititorul îşi va da seama cel mai bine ce dar prețios este culoarea, ce „sărace" ar fi aceste tablouri în monocromism și cât de „sărăcit" ar fi și el, privindu-le astfel. Toate imaginile evocate, și încă multe altele făcute de artiști minunați, sunt adevărate *„lecții de culoare"*, *„lecții de emoție"* și, atunci când funcția conotativă a culorii este activată, ele devin adevărate *„lecții de independență spirituală"*!

CULOARE ÎN FILM

În arta filmului imaginea este într-o mult mai mare măsură decât în pictură „jurată" realității pe care o are de înfățișat. Este evident că imaginea în film conferă culorii, în marea majoritate a cazurilor, doar funcția *denotativă*, cu toate că un bun operator se îngrijește mereu și de funcția *decorativă* a culorii, deci de un aspect estetic anume, vezi compoziție cromatică a cadrului. Foarte rare sunt excepțiile în care culoarea în imaginea de film capătă o funcție *conotativă*, caracterizând ansamblul estetic printr-un cromatism uneori „ireal", penetrant, devenit agent psihologic de prim ordin, cum se întâmplă atât de des în pictura modernă. Totuși mărturisesc faptul că am primit tocmai din partea filmului două „lecții de culoare" din cele mai importante în viața mea. Este vorba de epocalul film *Andrei Rubliov* realizat de regizorul rus Andrei Tarkovski. Prima dintre aceste lecții, pentru mine fundamentale, o voi explica mai jos, în vreme ce pe cea de-a doua o voi descrie în capitolul următor.

În fond, filmul lui Tarkovski povestește mai puțin despre viața și lucrul marelui pictor rus de icoane Andrei Rubliov (1366?-1430), ci este mai curând o amplă descriere a vieții poporului rus din acele vremuri, da, este un omagiu de o vibranță și tristețe uluitoare adus suferințelor, umilințelor și spaimelor îndurate de oamenii simpli, dar și puterii lor de a îndura, susținuți fiind mereu de credința în Dumnezeu. Filmul începe cu un simbol: o ceată de țărani încearcă să zboare cu un soi de balon extrem de primitiv. Încercarea reușește. Euforia este nemărginită: „Zbor!", „Zbor!" – strigă printre râsete cel ce a reușit *să se ridice deasupra* gliei unde doar se suferă. Dar după foarte scurt timp balonul se prăbușește și entuziasmul dispare. Mai multe secvențe în acest film vorbesc despre încercări care nu reușesc. Se pare că nereușita este pentru acest popor o simptomatică generală!...probabil chiar până astăzi! Nu poate fi omis că în film foarte multe personaje se împiedică și cad, atunci când merg prin zăpadă sau noroi. Doar zugravului de icoane și unui preot înțelept nu li se întâmplă asta!... Desigur nici celor „de sus", care dealtfel apar foarte sporadic – teroarea este „surdă", nevăzută; în fața inventatorilor și agenților ei este permisă doar îngenunchierea plină de umilință. Timp de trei ore vedem acest infern al nereușitei, al durerii, al mizeriei, al speranțelor înnăbușite, lumea „baloanelor" care sunt prăbușite chiar înainte de a se fi ridicat. Invaziile brutale ale tătarilor (cum îi numeau rușii pe mongoli), care încă din timpul lui Ginghis Kan, pe la anul 1200, nu au dat o secundă de liniște și încredere în viitor, câteodată în sinistră alianță chiar cu rușii, fii ai întunericului, trădători de neam și de credință, constituie tezaurul inepuizabil de artocități al acestui film. De-a dreptul zguduitoare este secvența în care tătarii cotropesc o cetățuie violând femei, omorând copii, vite și bărbați, pe când enoriașii refugiați în biserică îl imploră în cor pe Dumnezeu: „Doamne ajută! Doamne miluiește!" Cum s-a remarcat, privitorul trebuie să aibe nervi tari la vizionarea acestui film! Foc, animale arzând de vii, schingiuiri, sânge, lacrimi, noroi și o ploaie parcă interminabilă completează groaznicul decor. Personajele se târesc, la propriu și la figurat, prin glodul fără de milă al existenței lor. Totul este intercalat cu lungi discuții ale pictorului cu un preot sau cu ucenici de-ai săi, în care el întreabă și se întreabă: Unde este dreptatea? Unde este iubirea de oameni? Unde este mila? Unde este frumosul? Unde este creștinătatea? Nu vine nici un răspuns. Tarkovski și genialul său operator, Vadim Jussov, vor da răspunsul abia la sfârșitul filmului.

Totul este filmat în alb-negru – dar ce spun *alb*-negru! – este *gri*-negru! Albul pur, curat, abia dacă apare în film. Aproape pot spune că şi în zi este întuneric în filmul *Andrei Rubliov*. Mai ales secvenţele cu discuţii se petrec la lumină de lumânare sau într-un con foarte îngust de lumină venită din afară. Pe alocuri, feţele celor ce vorbesc dispar din lumină, cufundându-se câteva secunde în întuneric (se aude doar vocea), pentru a reapărea în alt loc în cadru, ceea ce sporeşte impresia de taină şi profunzime a meditaţiei. Abia în ultimele 8 minute ale filmului camera „vede" o grămadă de butuci carbonizaţi. Ea insistă aspupra acestei imagini. Încet, aproape imperceptibil, se petrece o adevărată minune: imaginea se colorează, butucii de cărbune fac loc unui detaliu dintr-o icoană a lui Rubliov. Apoi, prin supraimpresiune, apare un alt detaliu, încă un altul şi aşa mai departe, timp de opt minute. Pe ecran are loc o fascinantă paradă de culori, una mai frumoasă decât alta, mereu numai detalii din icoane şi, abia spre sfârşit, apar obrazurile câtorva sfinţi cu o penetrantă expresie dojenitoare şi tristă. Doar ultimul cadru al filmului arată o imagine întreagă şi vie: câţiva cai păscând liniştiţi pe o insulă mică a unui râu. Culorile sunt pastelate şi puţin şterse de o ploaie aversă (ca atât de des în film!). Se aud trăznete şi tunete. Furtună... Filmul se sfârşeşte aici, dar durerea conţinutului său, nu... nu se sfârşeste... Se pare că cineva, cândva – poate chiar în Rusia, sau altundeva –, va mai face un film asemănător, însă cu un alt titlu decât „*Andrei Rubliov*" ...un alt titlu...

Tulburătorul răspuns dat de Tarkovski la întrebările lui Rubliov este: Acolo, *în culoare şi credinţă*, poţi găsi Dreptatea, Iubirea de oameni, Mila, Frumosul şi Creştinătatea. Căci numai acolo, în culoare şi credinţă, eşti tu – tu însuţi! – cu tot ce e mai bun şi adevărat în tine. Este foarte mult în această frază! Este umanitatea însăşi! Eu adaug: de găseşti în *credinţele tale toate* (cum vom vedea în capitolul următor), în *culori* şi în *muzică* Dreptatea, Iubirea de oameni, Mila şi Frumosul, vei fi găsit atunci *umanitatea ta cea adevărată, cea genuină*, şi nu vreuna condiţionată doar de raţiune, învăţată, sau – vai! – impusă de vreo lege statală!

Trebuie să mărturisesc: În pofida faptului că acum aproape 40 de ani am văzut acest film de cel puțin două ori, acum, la revizionare, am fost atât de impresionat, chiar covârșit la apariţa culorilor, încât am plâns! Am plâns *pentru și în faţa culorilor*! Acest lucru mi s-a întâmplat pentru prima dată în viață. Tot ce se poate că reacția mea a fost atât de puternică datorită faptului că prin pregătirea și scrierea acestui eseu am fost sensibilizat pentru culori. De asemeni un motiv poate fi că cele trei ore de abstinență cromatică de dinainte au mărit efectul culorilor fascinante ce au urmat. Posibil. Însă sigur este că minunatele culori mi-au „spus" exact ceea ce a vrut Tarkovski să spună și încă mult mai mult... Aceasta este prima „lecție de culoare", o lecție despre însemnătatea și eficienţa culorii, pe care am învățat-o de la filmul marelui regizor.

Cred că două au fost motivele regizorului rus de a trece în filmul său atât de impresionant de la alb-negru la culoare. Primul este de natură filosofică și teologică: Situația dramatică, demnă de deplâns, în care poporul rus de atunci se găsea este greu de imaginat a fi fost filmată în culori tocmai pentru că ea este sumbră, neagră, fără de ieșire. Tarkovski, el însuși fiind foarte religios, a ales ca mântuire *icoana* – simbol al credinței în Dumnezeu – cu toată puterea ei de fascinație și atracție, cu toată liniștea și consolarea pe care o poate da speranța în mai bine. Al doilea motiv al regizorului – motiv care în nici un caz nu îl exclude pe primul – este unul de natură estetică: În spiritul tendinței (amintite mai sus în acest capitol) de a sublima, de „a pune frâu" imaginii artistice pentru a dobândi o esențializare a ei, cu alte cuvinte a renunța la tot ce poate însemna „balast" care ar distrage atenția privitorului de la ideea centrală, nu în ultimul rând prin mărirea exagerată a elementelor oferite percepției, Tarkovski a făcut cea mai mare parte a filmului în alb-negru. Soluția e sobră, „artistică" și foarte eficientă. Introducând la sfârșit culoarea, el a deschis de-o dată privitorului un câmp al libertății emoțional-semantice, un câmp al personalizării percepției, ceea ce nu înseamnă altceva decât o „mântuire", o eliberare și un plus de viață cu esența și vibrația ei.

Am arătat în acest capitol ce întreprinde ființa umană cu culoarea-dar-deosebit primit din partea naturii, altfel spus: cum folosește ea aptitudinea minunată de a „vedea" culori în anodinele unde electromagnetice? De la neglijare totală a culorii până la extaz în fața ei!

Consacrăm acum ultimul capitol al eseului întrebării: Care sunt semnificațiile filosofice profunde ale relației Ființă-Culoare?

*

ANTAGONISMUL LOGOS-MITHOS ȘI ȘANSA FIINȚEI UMANE ÎN CULOARE ȘI MUZICĂ

LOGOS ȘI MITHOS - DEFINIȚIE ȘI CONȚINUT

Toate gândurile, convingerile, faptele și stările emoționale ale ființei umane pot fi împărțite în două sfere: cea a *Logosului* și cea a *Mithosului*. Prin gândurile, convingerile, faptele și stările emoționale pe care le trăiește, ființa umană se apropie sau se îndepărtează de una dintre cele două sfere posibile – Logosul sau Mithosul. În viața ei, ființa umană este chiar într-o permanentă pendulare și, dese ori, chiar într-o stare de tensiune, între cele două sfere. Una și aceeași ființă se poate înscrie de nenumărate ori ba într-o sferă, ba în cealaltă; în vreme ce unul și același gând, una și aceeași convingere, faptă sau trăire emoțională nu poate aparține ambelor sfere, nici pe rând și cu atât mai puțin deodată, ci doar uneia dintre ele. Un gând, o convingere, o faptă și chiar o emoție poate purta ori „marca" Logosului, ori pe cea a Mithosului. Cu necesitate însă una dintre cele două.

Mai întâi este necesar să definim ce înseamnă Logos și Mithos în accepțiunea noastră de aici și să stabilim criteriile alese pentru înscrierea vreunui „element" (gând, convingere, faptă sau stare emoțională a subiectului) în sfera unuia sau altuia.

Pentru *Logos* vom face o *reducere* drastică a tuturor semnificațiilor ce au fost atribuite de filosofie acestui concept extrem de prolific de-a lungul miilor de ani[39]. În economia ideilor din acest text, Logos va însemna în primul rând *rațiune*. În consecință tot ceea ce ființa umană poate *explica pe baza rațiunii*, chiar dacă un subiect sau altul nu înțelege explicația, însă o acceptă ca fiind unanim valabilă și întemeiată pe rațiune (cum ar fi de exemplu teoria cuantelor a lui Planck pentru un neprofesionist), face parte din *sfera Logosului*. Se vede că pentru ființă *Logosul este un element obligativ* – că unul vrea sau nu, că înțelege sau nu de ce, apa fierbe mereu la 100 de grade! Tot ce aparține sferei Logosului îi arată ființei *cum este lumea,* indiferent dacă ființei îi place sau nu ceea ce află. Afirmația originară a lui Heraclit, potrivit căreia întreaga lume, întregul univers, are ca lege fundamentală *Logos*-ul – înțeles ca *rațiune* – s-a confirmat de atunci neîntrerupt și se

---

[39] Cuvântul grecesc λόγος (logos), tematizat pentru prima dată de Heraclit, își are originea în indo-europeanul *leg-, lego-*, care însemna *a aduna, a culege, a alege*. În civilizația antică greacă *logos* a primit extrem de multe semnificații; amintim că, de ex. Platon, în cel puțin 7 din dialogurile sale analizează temeinic *diferite* semnificații ale termenului *logos*. Semnificațiile centrale în greacă sunt: *cuvinte, cuvântare, relatare, rațiune* și *explicație*. Este mai mult decât clar că „*Logica*" și deci și toate cuvintele ce se sfârșesc cu „*logie*" (psiho*logie*, geo*logie* etc. etc) își au originea în *logos*. Ca și limba greacă, latina preia cuvântul *leg-, lego-* direct din indo-europeană. El devine *legō* cu aceleași semnificații ca în indo-europeană și greacă, însă pe lângă *a alege* și *a culege* înseamnă și *a citi* (nu este lectura *a culege* și *a alege* litere și cuvinte în mod *rațional?*). Abia pe această bază se ivește în latină o adevărată cascadă de termeni și semnificații. Numim câteva: *col-lĭgo* devine *col-lectio* și *col-lectivus*, *ē-lĭgo* (a alege, a selecta) devine *ēlectio* (vezi electorat în politică), *ē-lĕgans* devine *ēlĕgantia*, *sē-lĭgo* devine *sēlectio*, *intel-lĭgo* (a culege, a aduna în spiritul său *înțelegând*) devine *intellectus* și *intellĭgentia* și, pentru a nu lungi prea mult (sunt cel puțin 60 de noțiuni!), amintim că *legō* este obârșia cuvântului *lēctiō* (o lecție este un segment dintr-o materie, ales pentru a fi citit/învățat. Cine a învățat mai multe *lecții* va fi *selectat* – ai carte, ai parte!). Toate aceste cuvinte, și încă multe altele, au de a face, atât etimologic cât și logic(!) cu *logos* și *lego*.

confirmă şi azi, zi de zi, pe măsură ce cunoaşterea lumii se lărgeşte şi aprofundează. Heraclit vorbea chiar de „Raţinuea Lumii"!

Pentru *Mithos* vom proceda invers: vom face o *extindere* – poate la prima vedere neobişnuită! – a semnificaţiilor termenului. În economia ideilor din acest text, Mithos va însemna în primul rând *ceea ce nu aparţine raţiunii*. În consecinţă, tot ceea ce fiinţa umană nu *poate* sau chiar nu *vrea să explice pe baza raţiunii* va fi, în viziunea noastră, înscris în *sfera Mithosului*. În cazul în care fiinţa *nu poate* explica prin raţiune ceea ce percepe în lume, sau chiar vreun gând, vreo convingere, faptă sau stare emoţională a ei, Mithosul devine un *înlocuitor* al Logosului – aşa a fost, mai cu seamă şi foarte evident, în timpurile în care Logosul (raţiunea) nu era în stare să explice mai nimic. În celălalt caz, în care fiinţa *nu vrea* să recurgă la o explicaţie raţională cu privire la ceea ce ea află din lumea din afară, dar mai ales atunci când ea refuză o explicaţie raţională a propriilor sale gânduri, convingeri, fapte sau stări emoţionale, Mithosul funcţionează ca un fel de *agent eliberator* al propriului eu, a propriei individualităţi – fiinţa evită obligativitatea Logosului, care i-ar cenzura simţirile, faptele şi gândurile, golindu-le de fascinaţia independenţei şi a autonomiei. Cele mai bune exemple de Mithos sunt *iubirea* şi *muzica*; nimeni nu doreşte o explicaţie raţională a stării de a iubi sau a extazului provocat de muzică – o asemenea explicaţie ar strica totul... dar, slavă Domnului, ea este imposibilă! Adânc ascuns în fiinţa Mithosului este verbul *a dori* sau *a vrea*, iar „meşterul" care clădeşte – fie din piatră, din nisip sau chiar din vânt – frumoasele sale castele, se cheamă *„eu"*, *eul* uman! Doar fiinţa umană este cea care poate naşte Mithosul, iar acesta este mereu expresia dorinţei ei. În ce priveşte prezenta extindere a semnificaţiilor termenului Mithos, doresc să subliniez că ea nu este o simplă fantezie – ea are unele temeiuri[40].

---

[40] Cuvântul grecesc μύθος (mythos) înseamnă în accepţiunea sa curentă *poveste*, de obicei fabuloasă sau/şi cu caracter sacru; nu departe de basm! Dacă

Este absolut necesar să se țină seama de faptul că atunci când *atribuim* un gând, o convingere, o faptă sau o stare emoțională uneia dintre cele două sfere – a Logosului sau a Mithosului – nu ne gândim nici o clipă că acestea *ar fi* chiar Logos sau Mithos, ci doar că ele sunt guvernate, „marcate", de unul dintre cele două principii.

Sfera Logosului cuprinde fără îndoială tot ceea ce ne învață *științele*, dar și tot ce învățăm din *experiență proprie*, sau din *experiență comună acceptată*, și funcționează cu evidență pe principiul *cauză-efect*. În această a doua categorie, dealtfel foarte vastă, se înscriu adevăruri, cum de exemplu că dacă cineva comite un act ilegal poate urma o pedeapsă, dacă cineva își cheltuie banii fără chibzuință va deveni sărac sau dacă cineva nu-și tratează la timp o boală aceasta poate deveni fatală. Astfel de adevăruri bazate pe experiență acceptată nu necesită nici o argumentare științifică. Cum am arătat mai sus, tot ce se înscrie în sfera Logosului este *obligativ* – subiectul nu se poate sustrage dictatului Logosului!

În sfera Mithosului se înscriu gândurile, convingerile, faptele și stările emoționale ale ființei umane care *nu țin cont* de „învățăturile" cenzurante ale Logosului, vezi ale rațiunii, ci se ivesc

---

termenul ar însemna numai atât, nu am fi procedat la extinderea de sensuri, ca mai sus. Dar cuvântul înseamnă și *idealizare a unui eveniment* sau personaj și *speranță/dorință irealizabilă*. Mai mult: În al său *Dictionnaire étymologique de la langue grecque* (ed. Kincksieck, Paris, 1999), Pierre Chantraine evocă unele derivate ale lui „mythos", pentru noi foarte interesante. De ex. ακριτόμύθος (akritomythos) = *dificil de interpretat*, παρα-μυθέομαι (paramytheomai) = a *încuraja*, a *încredința* și a *consola*, de unde vine și cuvântul παραμυθια (paramythia) care înseamnă *consolare, încurajare*. Lipsește așadar numai un singur pas, după părerea mea nu prea speculativ, pentru a „auzi" în străfundurile semantice ale cuvântului „mythos" o consolare, o încredințare încurajatoare întru speranță (chiar dacă irealizabilă!), e drept, dificilă de interpretat, dar extrem de binevenită sufletește. Mai trebuie să amintim că un copil adoarme frumos și liniștit mai ales atunci când i se povestește un basm? Trebuie să mai subliniem adevărul că adulții, dese ori îngenunchiați și obosiți de atâta rațiune, au nevoie și ei de „basmele" lor, de „mythosurile" lor?

exclusiv în subiect și, mai ales, sunt modelate, articulate de el, după placul și aspirațiile sale. Nici măcar problema cauză-efect nu se pune în acest caz, cu atât mai puțin o explicație rațională ar fi avenită sau posibilă. Numim aici mai întâi convingerile *religioase* (îndeobște întemeiate pe credință și nu pe știință) și toate convingerile, gândurile și faptele ființei care sunt imposibil de argumentat logic/rațional, cum sunt *intuițiile* și dese ori *fantezia* sau *creativitatea*. Nu în ultimul rând sunt de amintit aici și *stările emoționale puternice* față de altă ființa (iubirea) sau cele în fața *artei* și a marilor *spectacole ale naturii* (cum am evocat în capitolul precedent, că în fața unui peisaj fascinant ființa „se oprește în extazul contemplației – parcă *iese din timpul ei*"). În cadrul stărilor emoționale puternice în fața artei numim, ca fiind specifice și foarte evidente, *muzica* și *culoarea*, mai ales atunci când aceasta din urmă funcționează *conotativ*, sau cum am mai spus *psihologic-inductiv*.

Pentru tot ce aparține sferei Mithosului se potrivesc de minune nemuritoarele cuvinte ale filosofului Blaise Pascal: *Inima are rațiunile ei pe care rațiunea nu le cunoaște* (*Pensées* Nr.680, după numerotarea Sellier). Este ușor de înțeles că „rațiunia inimii" („*raison du cœur*" la Pascal) poate fi asimilată conceptului de *qualii* (vezi nota 28) a căror existență este științific constatată, însă ne explicată.

Din tot ce a fost spus în acest capitol până aici este necesar de reținut: **1)** Sfera *Logosului* aparține domeniului *spiritului*, acționează *obligativ*, iar coordonatorii ei principali sunt *rațiunea* și *înțelegerea*. **2)** Sfera *Mithosului* aparține domeniului *sufletului*, acționează *eliberator* și *personalizant*, iar izvoarele ei principale sunt *credința* și *emoția*.

TENSIUNE ÎNTRE LOGOS ȘI MITHOS

Între Logos și Mithos există un conflict ontologic de ne rezolvat. Unul îl combate permanent pe celălalt. Ele sunt principii antagonice. Așa cum spune Pascal ele fac în ființa umană un

„război intern". Evoluția spiritualității umane a arătat însă că Logosul a câștigat din ce în ce mai mult teren în relație cu Mithosul. Logosul „fură" drepturile Mithosului, diminuându-i drastic câmpurile de desfășurare. Este și normal, căci însăși spiritualitatea umană se sprijină în evoluția ei pe *a cunoaște*, a cunoaște lumea, ceea ce este, așa cum am stipulat chiar în primele rânduri ale acestui text, „blazonul de onoare" a ființei. Vorbind de revoluția (științifică!) coperniciană, care a arătat omului *cum este* lumea *cu adevărat*, detronând irevocabil viziunea lui Ptolemeu, care era o *credință a omului* despre cum *ar fi* lumea, bazată „doar" pe *percepția directă a naturii* (răsăriturile și apusurile soarelui), filosoful Peter Sloterdijk conchide elegant și precis că *„șocul copernician"* este o *revoltă a Logosului împotriva Mithosului* (vezi nota 32). Revoltele Logosului împotriva Mithosului sunt, în fond, revoltele viziunii *micro-* și *macro-scopice*, bazate pe înțelegere și știință, împotriva celei *mezzo-scopice*, bazată pe percepția directă și subiectivizată; sunt revoltele *lumii așa cum este* împotriva *lumii așa cum ne-am dori-o* sau cum o *credem*; sunt revoltele lui *a ști* împotriva lui *a crede*, în sfârșit revoltele *obiectivului* împotriva *subiectivului*. Antagonismul Logos-Mithos produce în ființa umană o tensiune deloc neglijabilă!

Este imposibil de a neglija, și cu atât mai mult de a nega, extraordinarele contribuții ale Logosului (ale sferei raționale) întru dezvoltarea civilizației umane. Nu numai civilizația noastră materială, cu avantajele ei incontestabile în domeniul confortului vieții și al sănătății, este „opera" raționalității (științei), ci chiar și, de exemplu, luarea de hotărâri pe bază rațională procură ființei nu rare ori un plus important de siguranță. Este o datorie etică a ființei umane moderne să dedice neîntrerupt un imn de laudă Logosului! Eu sunt ultimul care s-ar sustrage intonării unui asemenea imn (sper că asta s-a simțit și în partea documentară a prezentului eseu)! Totuși, o anume întrebare nu îmi dă deloc pace...

Nu cumva într-o lume în care raționalitatea, sfera Logosului, a pătruns până în cele mai mici unghere ale vieții, cum este cazul lumii noastre de astăzi, sfera Mithosului este mult prea îngustată? Nu cumva *obligativitatea* Logosului, care hotărește până chiar și felul de nutriție sau de vestimentație al „omului modern" (ca să nu vorbim de încă alte zeci de aspecte), înnăbușește peste măsură, amputează șansele binefăcătoarei *autonomii eliberatoare* ale eului oferite de sfera Mithosului? Nu cumva riscăm în zilele noastre să ne transformăm în automate ascultătoare și precise a realizării imperativelor Logosului, venite mereu *din afară*, uitând setea eului de a zbura și a zburda liber în împărăția Mithosului, care este mereu și în exclusivitate numai împărăția sa, născută *din el însuși*? În sfârșit, ne întrebăm: este neapărat necesar ca plata pentru un plus de *obiectivitate* să însemne jertfirea *subiectivității*?

Din păcate este așa. Din păcate, cuprinși fiind de entuziasmul pentru Logos, uităm euforia Mithosului. Din păcate s-a creat o disproporție între sfera Logosului și cea a Mithosului – o disproporție primejdioasă și dureroasă! Amintindu-ne că încă Heraclit spunea că „*Logosul* (rațiunea) *Lumii*" nu poate fi înțeles și formulat fără „*Logosul* (rațiuinea) *ființei umane*" gânditoare, devine clar că Logosul aparține ființei *în aceiași măsură* ca și Mithosul. Spiritul uman se întemeiază și articulează pe *ambele sfere*! În această accepțiune am spus că disproporția de azi între sfera Logosului și a Mithosului este una primejdioasă și dureroasă. Putem oare afirma că azi spiritul uman *schioapătă*, sprijinindu-se în mod exagerat doar pe unul dintre cele două fundamente ontologice ale sale? Întrebarea este cardinală și răspunsul cere o gândire de o profunzime și amploare care depășesc cu mult limitele și tema acestui text. Nu vrem aici să abordăm tema *disproporțiilor simptomatice* ale spiritului epocii noastre.

În ce privește o dorită restaurare a echilibrului între sfera Logosului și cea a Mithosului, subliniez de la început că o eventuală restrângere a sferei Logosului ar fi o idee absolut inacceptabilă – de altfel și imposibilă! –, care ar readuce civilizația noastră spre primitivism. Mult mai curând consider a fi necesară o conștientizare, da!, chiar o cultivare a sferei Mithosului în accepțiunea descrisă mai sus. Nu este vorba de a pleda nici măcar pentru luarea de hotărâri „spontane", ne gândite sau analizate – siguranța pe care o dau hotărârile raționale este mult prea prețioasă; cu atât mai puțin nu stă în intenția mea de a vorbi despre o „revoltă a Mithosului împotriva Logosului". Accentul întru re-echilibrare se pune altundeva!

Este foarte adevărat că atunci când ființa umană *interpretează* o situație sau un aspect din viață (fie din domeniul politicii, fie din al artei, fie chiar și faptele sau convingerile altei ființe), așadar când *emite păreri*, ea hrănește, în fond, tocmai necesitatea profundă de personalizare, de subiectivizare a eului. Omul face asta aproape la tot pasul și cu foarte mare plăcere – el se re-găsește, se confirmă ca individ prin asemenea acțiuni. Dar, atenție!: În orice fel de interpretare sau „părere personală" se ascunde Logosul! Totul este dedus și apoi argumentat prin logică, indiferent dacă demersul este corect sau nu. Este limpede că acest fel de „exerciții de personalitate", de altfel foarte binefăcătoare, nu poate fi înscris în sfera Mithosului, așa cum am stabilit accepțiunea ei în prezentul text. Ele sunt doar o pseudo-autonomie eliberatoare a eului, căci au întotdeauna un corelat rațional și nu se nasc exclusiv în subiect, ci se referă mereu la un obiect (din afară).

REECHILIBRARE PRIN MUZICĂ

Adevăratul, cu siguranță cel mai important și evident *agent eliberator* al eului uman, fără a avea vreun corelat rațional, născându-se exclusiv în subiect și aparținând doar lumii lui, este muzica. Acum ca. 14 ani m-am ocupat ceva mai intens de fenomenul muzicii în relație cu ființa umană. Reproduc mai jos câteva concluzii care se potrivesc contextului de față[41]: *„Odată ascultată, deci acceptată, muzica **fuzionează** – așa cum spunea Schelling – cu sufletul uman, devine totuna cu el. La contactul cu alte arte subiectul poate, cel mult, să se identifice cu lumile ce i se înfățișează – numai dacă găsește puncte comune sau paralele cu acestea; așadar el face, pur și simplu, o **ex-cursie** în ele. În muzică nu e vorba de o **identificare** ci, cum am spus, de o **fuzionare** a Ființei cu lumea primită. Lumea primită prin muzică devine lumea internă a Ființei. Nu mai este vorba deci de o **ex-cursie** într-o lume din afară, ci de o **in-cursiune** a Ființei în ea însăși. Muzica reînflorește în Ființă re-dând formă emoțională mișcărilor ei trecute, prezente și viitoare. Muzica devine astfel forma emoțională a memoriei, a conștiinței și a proiectului Ființei – deci a trecutului, a prezentului și a viitorului ei. Muzica, însoțitoare intimă a Ființei, îi oferă acesteia o magică oglindă emoțională, ajutând-o să ființeze. În manieră heideggeriană, voi formula: Muzica nu în-ființează, nici nu des-ființează, ci **con-ființează** Ființa umană"*[42].

---

[41] Vladimir Brânduș, *Eseuri numite de autor și Panseluțe* în eseul *Dans, muzică și moarte*, ed. Clusium, Cluj-Napoca, 2006 (p. 174 și urm.).

[42] Acest termen straniu – *con-ființare* – este alcătuit de mine și presupun că necesită unele lămuriri. În cele ce urmează, asemănarea cu Heidegger este numai în planul formal al limbii. Construcția termenului pornește de la afirmația că *Ființa ființează* – adică ea există concret, în timpul dintre *în-ființarea* (adică ivirea) ei și *des-ființarea* (adică dispariția) ei. Acceptând ideea că totul – deci inclusiv Ființa – se transformă în mod permanent, reiese că *modul ființării Ființei* este supus și el aceleiași transformări. Această transformare are loc ca efect al confruntării Ființei cu tot ce este în afara ei, să spunem pe scurt: cu viața și cu lumea. În cazul că avem de a face cu Ființe conștiente, ele vor încerca, mai devreme sau mai tîrziu, mai limpede sau mai puțin limpede, să definească modul ființării lor, adică să cunoască scopurile, modurile și sensul vieții lor – să se cunoască pe sine. Altfel spus, Ființa își redefinește mereu modul de a ființa. Re-definirea presupune un act de cunoaștere, în cazul Ființei un act de auto-cunoaștere. Un asemenea act începe întotdeauna cu percepere. Vom spune așadar că Ființa se percepe pe sine, modul ei de a ființa, re-definindu-se. Or, această percepție de sine se împlinește în viziunea noastră și cu ajutorul „oglinzii

REECHILIBRARE PRIN CULOARE

Atunci când culorii i se atribuie funcția ei cea mai înaltă, cea *conotativă* sau, cum am mai spus, *psihologic-inductivă*, atunci, și numai atunci, culoarea poate fi încadrată în sfera Mithosului și capătă însemnătăți spirituale apropiate de cele ale muzicii. Așa cum s-a văzut de repetate ori în acest text, culoarea, ca și muzica, nu are nici ea vreun corelat rațional, cu atât mai puțin unul informațional, se naște și ea exclusiv în subiect și aparține doar lumii lui. Pentru a întemeia cu și mai mare claritate așezarea culorii, în anumite circumstanțe(!), alături de muzică în sfera Mithosului voi descrie mai jos cea de-a doua lecție de culoare pe care am primit-o din filmul *Andrei Rubliov* al lui Tarkovski. Voi cita dintr-o carte pe care am scris-o acum 38 de ani[43]. După mai bine de o oră în care imaginile sunt compuse, cum am spus, mai curând în „gri-negru", apare pentru prima dată albul în stare pură. Sunt pereții unei biserici pregătiți pentru a fi pictați. Meșterul Rubliov află că ucenicii lui au fost atacați și schingiuiți de o hoardă de tătari. Într-un acces spontan de revoltă, pictorul aruncă un pumn

---

magice" care este muzica în funcția ei de a da forme, de a articula emoțional, dar și de a confirma interiorul Ființei. Prefixul *con-* înseamnă „împreună cu..." De aceea am spus că *muzica con-ființează Ființa*. Muzica participă *alături de Ființă* la redefinirea modului ei de a ființa, la (noua) ființare a Ființei. Dar acest „*con-*" din expresia con-ființare se referă și la faptul că, alături de muzică, *și rațiunea*, prin judecăți și analize, articulând conceptual interiorul Ființei, participă la procesul de conștientizare, la procesul de auto-cunoaștere, la procesul de permanentă re-definire a ființării ei. Percepându-și permanent schimbătoarea identitate, în plan emoțional prin muzică și în plan conceptual prin rațiune, Ființa se cunoaște pe sine redefinindu-și ființarea. *Muzica și rațiunea con-ființează Ființa*. Căci Ființa ființează atât în plan emoțional cât și în plan rațional. Necunoscându-și nici originea și nici sfârșitul, între misterul în-ființării și cel al des-ființării ei, Ființei nu-i rămîne decît nobila trudă de a se cunoaște pe sine, permanenta ei *con-ființare*. Câtă dreptate avea Socrate!

[43] Vladimir Brânduș, *Artă și critică în perspectivă comunicațională*, ed. Eminescu, București, 1979 (p.235-236). Cartea a fost scrisă în 1976 și, datorită cutremurului din 1977, publicată abia în 1979.

de culoare pe un perete alb imaculat. Se naşte un tablou abstract de mare expresivitate. *"În pata aceea de culoare era atâta tensiune, atâta disperare... cât într-un nemaiauzit strigăt! Personajul "Muta" – o fată alienată mintal – se apropie de peretele cu pricina. Treptat, este cuprinsă de o covârşitoare suferinţă, disperare, teamă. Adulmecă vopseaua de pe perete. Îşi lipeşte faţa de ea. Îşi plimbă febril mâinile pe acea suprafaţă. O simte prin toţi porii. O ia în sufletul ei genuin. O frământă. O urăşte. O deplânge. O miroase. În sfârşit, o **înţelege**. Este poate singurul lucru pe care l-a priceput această fată lipsită de gândire"*. Culoarea "a vorbit" fără cuvinte, fără concepte... culoarea "a spus" totul, fără a se servi de Logos – pe care "Muta" oricum nu l-ar fi înţeles! Parafrazez uşor o frază care urmează acestui pasaj în textul scris în anul 1976: *"Am realizat atunci că ceea ce numim culoare* (în textul original: artă/artă abstractă) *nu are cod. Are doar codificatori. Toţi aceştia sunt fii buni ai aşa-zisului rafinament, ai prejudecăţii şi ticului cultural* (cu pretenţii "academice" sau esoterice), *sunt duşmanii sensibilităţii nealterate... Secvenţa lui Tarkovski e o lecţie de artă în general"*. Ce culoare a aruncat Rubliov pe perete? Era roşu? Verde? Albastru? Nu vom afla vreodată – ce bine! Era *orice culoare pe care o doriţi şi mai ales o simţiţi!* Aici rezidă *principiul libertăţii culorii*. Este *libertatea privitorului* – o libertate soră bună cu cea a ascultătorului de muzică! *Muzica şi culoarea con-fiinţează Fiinţa.* Ele sunt şansele Fiinţei de a-şi satisface nevoia de individualitate prin sfera Mithosului, fără a aduce detrimente sferei Logosului. Poate chiar am putea spune că muzica şi culoarea sunt şi şansele Fiinţei de a re-echilibra cele două sfere ale spiritualităţii ei, Mithos şi Logos, trecând antagonismul lor fundamental într-un plan secund.

REECHILIBRARE PRIN IUBIRE

Aşa cum am sugerat mai sus şi iubirea pentru o altă fiinţă – chiar şi pentru un animal! – se înscrie negreşit în sfera Mithosului, căci şi acest sentiment nu are vreun corelat raţional, se naşte exclusiv în subiect și aparține numai lui, la fel ca muzica și culoarea. O ființă iubește o alta, și numai pe aceasta, cu toate că în imediata apropiere se pot găsi și altele care au însușiri asemănătoare sau chiar identice cu ființa iubită. Este probabil și aici acel „joc" neînțeles al *qualiilor*! O sumedenie de mici gesturi mobilează și articulează starea de a iubi, confirmând-o și con-ființând-o. Privite din perspectiva Logosului, astfel de gesturi apar neîndoielnic ca a fi „absurde" – ele nu au nici un corelat rațional! Numesc dintre acestea mai cu seamă gestul mângâierii – un gest aparent absurd și foarte adesea lipsit chiar de erotică. Despre a mângâia am scris acum câțiva ani următoarele: *„Ce altceva este mângâierea decât un act emoțional de apropiere? Cu sau fără dimensiunea sa fizic-tactilă, actul mângâierii izvorăște întotdeauna din emoționalitate, dar o și produce – atât la cel care e mângâiat, cât și la cel care mângâie. Mângâierea este un sistem emoțional-dinamic, întotdeauna dual-reciproc. (...) A mângâia înseamnă a fi mângâiat în același timp. Chiar atunci când „mângâi cu privirea" un peisaj, peisajul este acela care-mi produce starea dulce de gingășie și extaz, peisajul este acela care mă mângâie. A mângâia cu gândul și a-și lăsa gândul mângâiat este treapta superioară a mângâierii tactile – treapta superioară, curajoasă și extrem de eficientă!"*[44]. Distingem așadar două feluri de a mângâia: unul fizic-tactil și altul virtual, „cu gândul". Mângâierea virtuală poate merge mult mai departe decât extazul în fața unui peisaj. Ne gândim aici la acel „înveliș psihologic", emoțional, care acompaniază chiar gândul logic, așa cum se exprima filosoful german Gottlob Frege (însuși matematician și logician!). Cum se poate vedea în eseul meu din care am citat adineauri, punerea întrebării – act deosebit de important în demersul filosofic! – poate (și probabil chiar trebuie!) să fie marcată de acel „înveliș

---

[44] Vladimir Brânduș, *Gânduri altfel despre...* în eseul *...titirez, fascinație, Oblomov și mângâiere*, ed. Clusium, Cluj-Napoca, 2007.

psihologic" pe care îl putem înțelege și ca un fel de „mângâiere virtuală". Întrebarea nu poate fi total despuiată de intenție și probabil nici de emoție! Mai mult: profesorul francez de filosofie Ali Benmakhlouf susține că „învelișul psihologic" adus în discuție de Frege este echivalent cu *„culoarea gândirii"* și astfel *„elementul care îl scoate pe logician din solipsismul său"*[45]. Tocmai caracterul *dual-reciproc* al actului de a mângâia (fie el în sens fizic-tactil, fie virtual) îi conferă acestuia puterea de a *con-ființa Ființa* în minunata emoționalitate a stării de iubire.

Ne întoarcem acum, pentru ultima dată, la cele mai eficiente și importante elemente ale sferei Mithosului care-i stau Ființei umane la dispoziție ca agenți eliberatori ai propriului eu: *Muzica* și *Culoarea*.

A ASCULTA ȘI A CONTEMPLA

Înainte de a încheia este necesar să evocăm câteva idei privitoare la *„posologia"* percepției muzicale și cromatice. (Îmi permit să folosesc acest termen din farmaceutică tocmai pentru faptul că, atât culoarea, cât și muzica sunt „leacuri"/medicamente binefăcătoare ale eului.) Pentru o receptare eficientă a sunetului muzical și a cromaticii, sufletul trebuie să fie *alb*, descărcat și curățat de orice zgomot și reziduri... *alb*, ca albul miresei încă ne-nuntite, *alb* ca pereții unei biserici încă ne-pictate... El trebuie să fie atât de *alb*, încât devine genuin. Abia atunci, primenit, va putea primi și-ntâmpina împărtășania cea adevărată a vibrației muzicale și cromatice. Atunci, sufletul Ființei va primi misterul libertății reale a eului! ...abia atunci... prin *Muzică* și *Culoare*. Ascultând muzică și contemplând culoare, sufletul construiește lumi întregi

---

[45] *Bulletin de la Société Française de Philosophie*, anul 103, Nr.2, aprilie-iunie, 2009. Protocolul ședinței din 22 noiembrie 2008, ed. Vrin, Paris, 2009. Ali Benmakhlouf este profesor de filosofie la Universitatea Sophia Antipolis din Nisa. Teoria sa a „Culorilor gândului", cu atât mai mult o culoare a filosofiei (!?), nu o împărtășesc întru totul. Ader însă la ideea „învelișului psihologic" al gândului emisă de Frege.

în care, într-un nemaipomenit dans, poate zbura spre el însuşi văzând chiar culorile ascuse-n muzică şi auzind muzica de taină a culorii. Orice altă „traducere" a muzicii sau a culorii, de pildă în imagini sau „poveşti", scenarii etc., diminuează, chiar trivializează trăirea muzicală şi cromatică. O asemenea „traducere vitregă" a muzicii sau a culorii ar amesteca în mod fatal în lumea lor pură *conceptul*, fiul credincios al Logosului! *Conceptul omoară muzica şi culoarea!* Cu toate că se ştie, e bine de a aminti: a auzi e una, iar *a asculta* este cu totul altceva, aşa cum a vedea este mult mai puţin decât *a contempla*. Cele două zeiţe ale libertăţii eului uman, muzica şi culoarea, pentru a fi cu adevărat zeiţe cer a fi *ascultate* şi *contemplate*. Or, această ascultare şi contemplare *se învaţă*! După părerea multora, Arthur Schopenhauer a fost cel mai mare – nu numai cel mai celebru – meloman. Puţini au iubit muzica aşa ca el, nimeni nu a ridicat-o pe un piedestal de idei mai înalt decât a făcut-o el. Mai ales în perioada de înaintată maturitate, la Frankfurt pe Main, filosoful se ducea aproape în fiecare seară la concert. Biografii lui descriu că de îndată ce răsunau primele acorduri, gânditorul închidea ochii şi îşi lăsa capul pe spate, rămânând aşa, nemişcat, până la aplauze. Sunt convins că el se lăsa purtat de muzică, adânc înspre el însuşi, *refuzând orice percepţie suplimentară* – inclusiv imaginea orchestrei. La ascultarea muzicii era înţeleptul numai cu el însuşi, pentru sine şi ideile sale înaripate. Schopenhauer recomandă ca percepţia muzicii să fie trăită „*numai în şi prin Timp, cu absoluta excludere a Spaţiului, fără vreo influenţă a Cunoaşterii, a Cauzalităţii, aşadar a Înţelegerii*". Când filosoful echivalează Muzica unei presupuse şi dorite filosofii *complete* şi *adevărate*, nu sugerează deloc o banală ilustraţie muzicală a ideilor, ci aşa cum se înţelege din opera sa, el spune că Muzica, fiind mult deasupra conceptelor şi Ideilor, este *expresia ideală a Voinţei Universale*, care este chiar Fiinţa Lumii. „*Putem spune cu îndreptăţire că Lumea este atât muzică întrupată, cât şi voință întrupată"*, sublinază filosoful[46]. Tocmai de aceea consider că, de exemplu, Modest Musorgski intitulând o compoziție a sa, de altfel foarte frumoasă, *"Tablouri dintr-o expoziție"* (1874), a riscat ca ascultătorii ne experimentați să caute în imaginația lor tablourile ce i-au servit ca inspirație; să amestece așadar în muzică imagine descriptivă și descriptibilă prin concepte. Pe aceleași temeiuri refuz încercările unor muzicieni contemporani (de muzică simfonică!) de a susține produsul atât de înalt al artei lor cu pantomimă și mimică exagerată – oricât de reușită din punct de vedere teatral sau coregrafic ar fi aceasta. Sper că am spus îndeajuns despre *posologia percepției muzicale și cromatice*. Venind în întâmpinarea cititorilor iritați de termenul „posologie", propun, și sunt chiar tentat, să numesc aceste gânduri *"higiena receptării muzicale și cromatice"*. Important este doar ca aceste principii să fie respectate.

MUZICĂ ȘI CULOARE - OPERE DESCHISE

Înscrierea muzicii și culorii (doar în funcția ei conotativă) în sfera Mithosului a fost posibilă numai datorită lipsei lor de corelat rațional-informațional, univoc. Aici, în această *calitate sugestivă –* și deloc descriptivă! – a muzicii și culorii rezidă *libertatea* lor, care devine și *libertatea subiectului* atunci când le ascultă și/sau contemplează. Văzută din perspectiva Logosului, calitatea sugestivă și lipsa de corelat rațional-informațional se numește *ambiguitate*. Scriitorul și filosoful italian Umberto Eco a publicat în 1962 „teoria operei deschise" care a devenit un adevărat cult pentru multe generații de artiști[47]. El fundează teoria sa tocmai pe ambiguitatea percepției: *"Psihologia și fenomenologia vorbesc astăzi despre **ambiguitatea perceptivă** ca fiind posibilitatea de a depăși*

---

[46] Ambele citate din Arthur Schopenhauer, *Die Welt als Wille und Vorstellung I*, §52.

[47] Umberto Eco, *Opera aperta*, Casa Ed. Valentino Bompiani, Milano, 1962. Pentru referințe și citate am folosit textul german *Das offene Kunstwerk* (a doua ediție) Suhrkamp Verlag, Frankfurt am Main, 1977.

convenționalitatea cunoașterii obișnuite pentru a concepe lumea în prospețimea posibilității" (p. 50). Lucrarea este amplă și convingătoare. Ea se sprijină, printre altele, mai ales pe cercetările fenomenologice ale lui Edmund Husserl, ale lui Maurice Merleau-Ponty (*Phénoménologie de la perception*) și pe *Estetica – teoria della formatività* a lui Luigi Pareyson. Caracterul „deschis" al unei opere se datorează faptului că la receptarea ei fiecare subiect/receptor de artă aduce cu sine o anume *„sensibilitate, un anume nivel de cultură, direcție a gustului, anume înclinații sau prejudecăți personale ... astfel că înțelegerea formei originare se realizează într-o anume **perspectivă personală**"* (p.30, s.n.). Pe de altă parte, pe măsură ce ne apropiem de epoca modernă, și creatorii susțin sporit „ambiguitatea" operei, mai bine spus *conotația* în detrimentul *denotației*, elementele *sugestive echi-* sau *plurivoce* în detrimentul celor *descriptive, univoce*. (În prezentul text am constatat această evoluție în perspectivă istorică și pentru culoarea în imagine.) În același spirit Eco introduce, printre multe altele, un citat foarte elocvent din Mallarmé: *„nommer un object c'est suprimer les trois quarts de la jouissance du poème, qui est fait du bonheur de deviner peu à peu: le suggérer... voilà le rêve..."*[48].

Că orice operă muzicală este preponderent „deschisă", mai deschisă pentru interpretări creative personale decât orice altă operă de artă ce se sprijină pe concept sau chiar numai pe imagine (prin definiție descriptivă!), nu poate fi contestat. Dar și culoarea în funcția ei *conotativă*, făcând parte dintr-o operă de artă sau doar luată din natură, atunci când devine *obiect al contemplației* este fără îndoială și ea „deschisă" – ea funcționează și acționează asupra spiritului asemenea muzicii! *Culoarea este o „operă deschisă" a Lumii!*

---

[48] Traducere liberă: „a numi un obiect înseamnă a suprima trei pătrimi din marea plăcere a poemului, care este alcătuit din fericirea de a ghici treptat: a-l sugera... iată visul..." (pag. 37 în lucrarea lui Eco).

MUZICĂ, CULOARE ȘI ESENȚE

Este un paradox uluitor și aproape inexplicabil faptul că muzica și culoarea, tocmai aceste două elemente care generează la recepția lor cea mai înaltă libertate subiectivă, au la baza lor fenomene fizice pe deplin explicabile prin matematică și rațiune! *Esența muzicii*, înțeleasă ca secvențe de vibrații acustice, ca și *esența culorii* care este, cum am văzut, unda electromagnetică (tot vibrație măsurabilă!), aparțin fără îndoială sferei Logosului! Capacitatea de a percepe în aceste vibrații *muzică* și *culoare*, de a le *ridica la statutul unei opere deschise*, rezidă exclusiv în Ființa umană – ea este darul cel mai de preț pe care natura l-ar fi putut oferi omului. Este darul care ține și susține setea de individualitate a Ființei. Ce minunată și binefăcătoare este indiferența noastră față de esențe atunci când ascultăm muzică, atunci când contemplăm culoarea sau când trăim starea de dragoste! Filosoful Emil Cioran spune despre esențe: *„Esențele sunt o superstiție a spiritului filosofic ... Orice eveniment al vieții, gândit până în esența sa, ne retrage din viață ... Conținutul fugitiv al iluziilor este o hrană mai bună pentru viață decât iluzia substanțială a esențelor ... De vreme ce esențele, atât de respectate dar neiubite de oameni, nu au reușit să salveze nimic, nu rămâne decât curajul iluziilor"*[49]. Or, întreaga sferă a Mithosului este, privită din perspectiva Logosului, doar iluzie! Ce săraci am fi dacă ascultând muzică ne-am gândi la proporțiile matematice ale secvenței de sunete și, contemplând culoarea, ne-am gândi la ecuațiile lui Maxwell! Ce săraci am fi dacă nu am fi putut face din ele o *operă deschisă*! Iar ziua în care vom afla toate procesele electro-chimice care determină în creier starea de a iubi, va fi pentru mine o zi tristă... foarte tristă!

Muzicalitatea, cromatismul – în special receptarea lor emoțională – ca și iubirea nu suportă comparații sau înscrieri „cuminți"

---

[49] Emil Cioran, *Le livre de Leurres*, p. 249-251 în *Cioran Œuvres* ed. Gallimard, Paris, 1995. (titlul românesc al cărții: *Cartea amăgirilor* – 1936).

și „disciplinate" în vreo schemă sau fișier ordonator, iar analiza lor științifică nu este mereu binevenită! Ele trebuiesc *trăite* – și atât! *Trăite ca opere deschise*, cu toată ființa, întru binele eului!

„*AMOR MUSICAE*" ȘI „*AMOR CHROMATIS*"

Mărturisesc faptul că la începutul lucrului la acest text am căutat să descifrez, pe modelul expresiei latine *more geometrico*, un „*more chromatico*"[50]... Nu am găsit, așa cum nu am găsit un „*more musico*"... Nu am găsit, pentru că muzica și culoarea nu se lasă înscrise niciunde, nici măcar într-un „*more*", adică în schema vreunei datini, tradiții sau a vreunui obicei. Ele, ca și iubirea, apar mereu noi și reînnoite, mereu proaspete și primenite, căci sunt mereu *ale noastre în momentul în care le trăim*. În loc de un „*more*" am găsit însă un „*amor*", o iubire, o atracție a Ființei pentru muzică și culoare. Atâta vreme cât avem și simțim acut un *amor musicae* și un *amor chromatis*, atâta vreme cât avem și înclinație pentru iubire, vom putea fi împliniți sufletește, eul nostru va înflori și, acum eliberat și echilibrat, va putea iubi chiar și întreaga Lume și Viața însăși.

În numele lui *amor musicae* și *amor chromatis*, în numele iubirii, în numele setei de subiectivitate și libertate a propriului eu, este imperios necesar *să re-învățăm ATENȚIA*. În tumultul de zi cu zi, mânați și hărțuiți de Logos, ne-am dez-vățat să dăm *atenție* și

---

[50] Termenul *chroma, chromaticus, -um* (n) este foarte greu de găsit în vreun dicționar latin. L-am reperat ca „termen vechi" în *Latin Dictionary Levis & Short*, Oxford University Press, 1962. Originea lui este cuvântul grecesc χρωμα (chroma) care înseamnă culoare. Cuvântul „*more*" este un derivat a lui *mōs, mōris* (m) și înseamnă manieră de a se comporta, uzaj, obicei etc.; „*geometrico*", „*musico*" și „*chromatico*" sunt ablativele cuvintelor respective. Cuvintele „*musicae*" și „*chromatis*" precedate de „*amor*" înseamnă iubire pentru muzică, respectiv culoare; formele lor gramaticale sunt așa-zisul *genitivus obiectivus*. Pentru aceste expresii am fost inspirat de filosoful Friedrich Nietzsche care vorbește des despre un „*amor fati*", ceea ce înseamnă iubire pentru soartă/destin.

lucrurilor care nu au tangență imediată cu interesele noastre egoiste sau cu siguranța proprie. Uităm prea des să dăm *atenție* frumuseții spectacolului lumii, de la viața celei mai mici gâze sau frunzulițe până la marile drame ale semenilor. Uităm că cine nu știe să dea *atenție* lumii, nu va ști să dea *atenție* propriului eu – se va întrebuința întreaga viață ca o „mașină socială" a producției de succese și onoruri calpe. Este vorba de acea atenție pe care o recomandă mai toate filosofiile orientale: o *atenție smerită* și *tandră* pentru întreaga lume și tot ce se află în ea, o *atenție gânditoare* și *plină de respect*, o atenție fără de care *meditația* și *contemplația* nu pot avea loc. O *atenție* fără de care eul uman nu poate primi seva necesară pentru a înflori în plină libertate. Să dăm atenție Lumii, să dăm atenție muzicii și culorii, să dăm atenție iubirii, căci doar atunci va apare în spiritul nostru, înflorit, acel *fabulos dans de stări sufletești* în perpetuă schimbare, care ne *con-ființează propria Ființă* și propria, adevărata, individualitate!

În srăvechea mitologie indiană „dansul fabulos" pe care l-am evocat este, în fond, *dansul lui Shiva*. Zeitatea supremă ține și susține Lumea în viață prin dansul ei – încetează Shiva să danseze, dispare lumea. Poate cel mai avizat cercetător și interpret al culturii indiene străvechi, Ananda Kentish Coomaraswamy (1877-1947), spune că *„Locul acestui dans, Chidambaram, este centrul Universului și se găsește înăuntrul inimii"*[51].

Locul dansului lui Shiva, *Chidambaram-centrul-Universului*, se găsește așadar *înăuntrul inimii*, în *eul Ființei*! Confirmarea vine, câteva mii de ani mai târziu, tot în orient, în China. Filosoful chinez din timpul dinastiei Ming, Wang Shouren (1472-1529), a fost un reprezentant de seamă al curentului neo-confucianist,

---

[51] Ananda K. Coomaraswamy, *La danse de Çiva - quatorze essais sur l'Inde*, ed. L'Harmatan, 2000. Mai mult despre însemnătățile zeului Shiva și interpretarea lor se poate citi în eseul meu *Tăcerea, cifra zero și liniștea*.

curent în care se considera conștiința umană ca fiind originea a tot ce există în lume. Shouren a spus despre *percepție* și *atenție* următoarele cuvinte de o imensă însemnătate și înțelepciune: *„Înainte de a contempla aceste flori, atât ele, cât și inima ta se găseau într-o stare de goliciune mută. Abia în momentul în care le-ai privit, culorile florilor au strălucit, câștigând apariția lor clară. Din asta poți să vezi că florile nu există în afara inimii tale!"*.

Eu nu mai știu, nu mai pot și poate nici nu mai vreau să spun ceva în plus despre *Culoare și Ființă*.

Cel mult, aș putea să mă adresez acum unui prieten, unui prieten bun, apropiat, unui prieten de suflet și gândire:

CUVÂNTARE DE ÎNCHEIERE

Prietene, fiindcă ne cunoaștem de-atâta timp – o viață-ntreagă! – îmi permit acum, la vârsta părului albit, să-ți spun câte ceva. Te-am admirat întotdeauna pentru cât ai învățat, pentru cultura ta. Chiar te-am invidiat, în modul cât se poate mai prietenesc, pentru râvna ta întru a ști. Felul tău de a gândi, argumentațiile tale deseori briliante, au coborât mereu direct din raiul cel mare al Rațiunii. Încântător ai fost și ești, prieten drag! E o plăcere să vorbesc cu tine!

Pe de altă parte, știu că în sufletul tău a sălăjuit întotdeauna și o imensă dorință, chiar o necesitate de a gândi și acționa așa cum vrei tu, cum simți tu ...așa cum îți dictează inima. Și asta a fost frumos în persoana ta! Te înțeleg. În dorința și necesitatea de a fi tu, tu însuți, citesc atracția pentru drogul libertății. Nu, nu te speria! Nu-ți sugerez că drogul ar fi o libertate, ci numai că libertatea are **puterea** *unui drog – întreabă orice încarceruit ce zace în pușcăria ca atare sau în marea pușcărie virtuală a lui* **a trebui**; *el îți va povesti despre valoarea lui* **a vrea**. *Așa, ai încercat să te eliberezi și-ai luat în viață hotărâri spontane, ne chibzuite, încinse de febra nerăbdării. Primul moment a fost deliciu pur – drogul* *libertății!* –, dar în momentul următor ți-a fost dat să te lovești de consecințele logice și raționale ale situațiilor. *„Rațiunea Lumii",* **cea din afara ta**, și-a spus cuvântul. Rațiunea are mereu *„ultimul cuvânt"!* Deliciul libertății s-a transformat în chin și lacrimă. Asta, exact asta, prietene, m-a mâhnit, îngrijorându-mă pentru tine. Îmi amitesc de prima și de-a doua căsătorie a ta... de atâtea legături de *„mare dragoste"* ce le-ai avut... Îmi amintesc de *„nebunia"* ta de a te reinventa în permanență, de a-ți schimba mereu țelul și modul vieții ...mereu pornind din inimă și nicidecum dintr-o rațiune sănătoasă ...mereu încoronat de un *„eșec strălucitor".* Hm... ca Alexis Zorba... Prăbușirile pot fi și ele, uneori, frumoase... însă întotdeauna dureroase, dragul meu prieten!

De ai citit eseul meu *„Culoare și Ființă "* – scris tocmai pentru tine – ai înțeles de bună seamă ce îi doresc eu Ființei tale: hrănește-ți dorul de zbor și libertate prin artă, prin Muzică și prin Culoare! Numai așa nu vei intra vreodată în conflict cu ceea ce numim Rațiune. Știi bine, dragul meu, că adevărații oameni de știință, supuși mereu rațiunii, pun foarte adesea mare preț tocmai pe Muzică și artă. Adapă-ți *„înlăuntrul"* tău, adapă-ți eul însetat de libertate prin nectarul cel indescriptibil al Muzicii și al Culorii, căci tocmai acum, în *„timpurile Rațiunii",* ele sunt singurele care te pot con-ființa în plină siguranță.

Adevărata și profunda percepție a Muzicii și a Culorii, a asculta și a contempla, este o procesiune sacră și intimă. Să le trăiești mereu de unul singur, numai tu cu tine însuți; să nu cumva să-ncerci să le-nțelegi și nici cu alții despre ele să vorbești vreodată! Căci aceste trăiri sunt numai ale tale! Să uiți, prietene, tot ce au spus iluștrii filosofi, să uiți și prisma lui Newton, ecuațiile lui Maxwell, nanometri și Teraherții sau lungimile de undă. Să dai uitării bastonașele, conurile și ganglionii retinali... Să uiți chiar și de qualii... Apropos de qualii, îți spun acum o istorioară care sper că-ți va descreți oleacă fruntea: filosoful american contemporan Ned Block povestește că marele jazzman Louis Armstrong, întrebat *fiind ce este și de ce îi place jazzul, a răspuns: „Dacă trebuie să întrebi, n-ai să înțelegi niciodată". Așa ceva se simte, sau nu – la fel ca toată Muzica și Culoarea!*

Prietene, îți întind acum mâna. Pune-o pe a ta într-a mea. Simți că mâna-mi este cam nesigură, nehotărâtă? Tu crezi probabil că este lipsa de puteri a bătrâneții... Nu, nu, dragul meu, nu este șubrezenia vârstei... nu este încă! Este un anume dubiu înțelept, dacă vei urma întrutotul sfatul meu... îndoiala că m-ai înțeles... Poate... poate ar fi fost mai bine să te fi mângâiat pe creștet... în loc de a fi scris acest eseu...

Am încheiat lucrul la acest text pe data de 22.06.2014. E o vară nehotărâtă, capricioasă.

Gheruţă
un text din lumea emoţiilor

De un timp încoace te surprind adesea cum te oprești din joaca ta – un iureș fermecător ce descrețește fruntea! – și mă privești îndelungat, fără mișcare, direct în ochi. Chiar și în somnul tău cel molcom și liniștitor se-ntâmplă să-ți ridici căpșorul și să mă țintuiești minute-n șir, neîntrerupt, cu ochii tăi rotunzi și verzi.

Ființă dragă, mă tulbură privirea ta atât de neobișnuită!... Mă tulbură prin insistența ei de o penetranță pe care n-am mai întâlnit-o... Ea îmi spune că tu ai vrea să-mi spui ceva... să-mi spui ceva de-ai ști și ai putea să te exprimi în graiul meu...

O lege rece și tăioasă a naturii a rostuit graiul meu să nu se potrivească cu al tău. Nu fi trist, află că nici semenii mei nu se înțeleg mereu, vorbind chiar în același grai... Câtă jale aduce neînțelegerea, nu-ți voi spune – te-ar amărî prea tare... Să știi: e bine câteodată să nu știi chiar tot... mai ales despre oameni să nu știi tot de ceea ce ei sunt în stare! Eu însă am încercat să te-nțeleg, chiar dincolo de graiul care ne desparte; să-ți înțeleg sufletul și firea, dorințele, bucuriile și fricile ce te cuprind.

Ziua în care te-am adus la mine a fost o sărbătoare pe care nu o voi uita vreodată. A fost ziua în care viața s-a schimbat, ziua în care, doar prin faptul de a fi, ai alungat singurătatea și goliciunea ce mă măcina. Mă înfior încă acum amintindu-mi ce mic erai în ziua în care te-am adus la mine: încăpeai cu totul în palma mea. Erai atât de firav și neajutorat, încât mă urmărea fără-ncetare o teamă că de ți s-ar întâmpla ceva, chiar un nimic!, firul de viață ce-l aveai ar fi putut să nu mai fie. Aș fi fost în stare să fac orice doar pentru a te apăra. Ce sentiment frumos ai trezit în mine prin slăbiciunea ta!

La început te-am hrănit, ca pe copii, cu biberonul – erai și tu doar un copil! Te mângâiam și-ți povesteam că am să fac din tine un motan falnic, cu prestanță și chiar cu aere regale, majestuoase. Lăbuțele tale albe ca bulgări de zăpadă în miniatură ascundeau, abia vizibil în puful lor, ceva ce aducea a gheare, însă ascuțite foc – mai mult o glumă decât o gheară adevărată și periculoasă! Te-am numit atunci „Gheruță".

Doamne, cât de mult mi-ai dăruit, micuță vietate! Mai înainte, nici n-aș fi crezut că așa ceva ar fi posibil! De-ndată ce ai crescut puțin, ai început o joacă ne-ntreruptă, un foc de artificii vesel, șugubăț, ce-mi încânta privirea. Săreai, făceai tumbe peste tumbe, te alungeai, te subțiai ca șnurul și câteodată chiar în ghem te prefăceai. Mă amuzam să-ți fac biluțe mici din staniol strălucitor. Când le rostogoleam în fața ta pe podeaua lustruită fugeai nevoie mare ca să le prinzi, însă odată prinse le împingeai din nou, și mai departe, ca iar să fugi și să le prinzi a doua, a treia și a patra oară... important era ca jocul să nu se termine! Într-o bună zi îmi veni năstrușnica idee să leg la capătul unei vergele un buchet de pene colorate – ciudat: pe-atunci tocmai scriam ceva despre culori! Penele erau în roșu și albastru viu, în violet și galben sau turcoaz. De-ndată ce agitam vergeaua-n fața ta, înnebuneai în entuziasmul ce te cuprindea și încercai cu orice preț să capturezi podoaba cea frumoasă și naivă. Oamenii, care cel mai adesea nu au înțelepciune nici măcar o iotă, ar spune că joaca ta neîntreruptă nu are sens: ea nu aduce mai nimic și, acolo unde se sfârșește, deîndată, fără noimă, reîncepe. Să știi, Gheruță, că cei ce spun așa ceva nu înțeleg nimic din viață. Eu unul, îți mulțumesc din suflet că prin giumbușlucurile tale m-ai re-învățat ce-nseamnă *Seninătatea* – o stare pe care o uitasem, vai!, de-atât amar de timp... Îți mulțumesc, Gheruță drag!

Prin dragostea și devoțiunea pe care mi le-ai arătat, m-ai copleșit de-a dreptul! De fiecare dată când veneam acasă, deschizând ușa locuinței te găseam acolo, în prag, de parcă așteptai. Știai că eu sunt cel ce vine! Începeai atunci un dans mlădios în cercuri, jur-împrejurul meu, şi mieunai discret, frumos, cerând o mângâiere de bun-venit; şi o primeai întotdeauna. Iar când mă pregăteam să plec de-acasă, simţeai din timp şi deveneai uşor nervos, îngrijorat; mă petreceai până la uşă de parcă ai fi vrut să mergi cu mine. În ziua în care o furtună violentă, cu tunete şi trăznete cumplite, s-a abătut peste oraşul nostru ţi se făcuse frică. Te-ai cuibărit în poala mea. Ochii îţi erau sticloşi şi mari. Simţeam cum inimioara ta bate neobişnuit de repede. Te-am mângâiat spunându-ţi că nu-i pericol şi totul va trece deîndată. Ai adormit. Nu m-am încumetat să te trezesc o oră-ntreagă. Am vrut să uiţi, Gheruţă drag, tot ce este rău şi-ncearcă să se strecoare în lumea ta frumoasă.

Şi tu ai ştiut să-ndepărtezi gânduri negre şi urâte din mintea mea. Când seara, frânt de oboseală şi sfârtecat de griji, mă alungeam şi încercam s-adorm, simţeai că nu mi-e bine şi îţi făceai culcuş pe lângă trupul meu. Torceai atunci neîntrerupt de parc-ai fi avut în tine un harnic motoraş. Monotonia lui mă liniştea. Te mângâiam, şi mângâierea cea domoală pe trupul tău ca de mătase mi se-ntorcea, de zeci de ori mai tandră, în sufletul sleit. Aşa, în ore grele ca de plumb, tu-mi alungai neliniştea şi mă purtai încet-încet şi legănat, ca pe o barcă ce pluteşte pe apă lină, spre alte lumi mai bune şi mai simple ...mai bune şi mai simple decât acelea pe care oamenii le-au înjghebat. Tu mă ajutai să re-găsesc *Liniştea* – cea mare, cea adevărată, cea pe care doar puţini oameni au înţeles-o aşa cum se cuvine. Să-ţi spun, Gheruţă mult iubit, şi pentru asta doar un „mulţumesc", e prea puţin... mult prea puţin!

Dacă a visa, a crede-n visul tău şi-a te putea juca cu el înseamnă a fi copil, atunci să ştii, Gheruţă, că ţie, şi numai ţie, îţi datorez bucuria de a fi avut puterea şi înţelepciunea să mă întorc din nou la vârsta-ceea minunată. Cu tine am re-devenit copil, chiar dacă numai, în fiecare zi, doar pentru câteva ceasuri binecuvântate! Visam la ziua în care vei fi devenit impunător şi mare. Voiam să-ți fac atunci din poleială aurită coroană mândră și să-ți-o așez pe cap. Din acea clipă nu ți-aș mai fi spus „Gheruță", ci *Majestatea Sa Gheară I – Împărat al neamului felinelor*! Te-aș fi plimbat prin toate curțile vecinilor unde știam că locuiesc semeni de-ai tăi, să te arăt și să arăt mândria mea de-a fi prieten chiar cu Împăratul. În visul-joc-nebun pe care îl aveam, plimbarea cea de pomină ar fi fost tocmai încoronarea ta. Încă din vreme te pregăteam pentru înalta funcție pe care ți-am prescris-o. Te sfătuiam în visul meu c-ar fi nevoie mare să înființezi școli pentru cei mici din neamul tău, ca ei să-nvețe bunele maniere, să nu fure prea mult (oleacă e chiar permis!), să nu chinuie prea tare șoriceii pe care-i vânează și mai ales să miaune frumos și melodios, așa cum tu atât de bine știi să faci. Ți-am dat povață să înființezi și tribunale, unde judecători în vârstă, semeni de-ai tăi cu multă experiență și înțelepciune, să-mpartă dreptate adevărată în caz de ceartă și chiar să pedepsească – nu prea tare, Doamne ferește! – pe cei ce nu ascultă de obștea lor și atâță către rău sau dușmănie. Ți-am spus de multe ori că ar fi bine să-i înveți pe supușii tăi să fie generoși și să împartă din bunurile pe care le au cu cei ce nu mai au puteri sau n-au stăpân, culcuș și nici vreo ocrotire; din când în când vreun șoricel sau vreo pralină, chiar furată, este de-ajuns pentru a le face viața ceva mai bună. Visam că tu vei fi în stare să faci de-a dreptul un rai pentru supușii tăi – un rai, așa cum îl doresc și pentru neamul meu de oameni. Iar când ți-am vorbit de tribunale și de școli nu am voit o clipă ca să preiei orânduiri din neamul meu – orânduiri de mult prea obosite, complicate și pe alocuri pervertite – pentru al tău. Mult mai curând e invers! Noi, oamenii, suntem cei ce au acum nevoie mare de simplitate, claritate și dreptate. Așa a fost visul-joc al meu cu tine! O utopie din cele mai frumoase. Ce stare încântătoare este copilăria ce mi-ai redat-o!

Gheruță ființă dragă, nu încape nici o îndoială: cu vremea, am ajuns să fim un trup și-un suflet amândoi. Tocmai așa cum spus-a odinioară Michel, cel din Montaigne, unul dintre puținii oameni care-au gândit și-au fost și buni la suflet: *"Tu ești pisica mea, iar eu sunt omul tău"*. Trăiam prin tine, și tu prin mine. Nimic pe lumea asta n-ar fi putut să ne despartă!

Dar faptul de a te fi adus la mine este umbrit și de-ntrebări și remușcări ce nu-mi dau pace nici acum.

Te-am îndepărtat de mult prea mic de mama și de frații tăi. Când te-am adus acasă, ai fost de-odată atât de singur... atât de singur, încât inima-mi plângea. Îmi părea că vrei să-i cauți pe-ai tăi prin toate ungherele locului nou în care te aflai și nu-i găseai. Despărțirea preatimpurie de mamă o știu preabine: când eram copil, cam pe la vârsta ta, urlam de-a dreptul când mama trebuia să plece în oraș doar pentru o oră scurtă. Credeam că lumea se prăvălește pe capul meu și singur voi rămâne întotdeauna. Dar tu după un timp ai învățat - a *trebuit* să-nveți! - că eu îți sunt mamă și tată și frate și chiar prieten bun. Eu și numai eu!... Recunosc, Gheruță, n-a fost tocmai cinstit din partea mea să te oblig *așa* a mă iubi... Mă iartă pentru asta, suflet bun și drag! Am fost chiar egoist... așa sunt oamenii, să nu uiți niciodată!

Mai rău a fost că încă din clipa în care te-am adus la mine am pus hotare vieții tale: te-am încuiat pentru totdeauna în locuința mea de doar trei camere și încă la etaj. De pe pervazul unei ferestre puteai să vezi grădini întinse cu iarbă, cu copaci și cu tufișuri dese. Ore întregi stăteai privind prin geam cum viața cea adevărată mișuna, forfotea și se desfășura printre crengi și prin arbuști. Erau acolo veverițe, fluturi, păsărele de tot soiul, cu siguranță chiar și șoricei, și mai veneau adesea semeni de-ai tăi de prin vecini. Nu pot să cred o clipă că n-ai fi vrut și tu să te avânți în lumea-ceea mică plină de aventură și mister, în lumea aceea liberă, făcută ca pentru tine. Ți-am interzis o viață-n libertate de teamă că s-ar putea să te rătăcești sau chiar să fugi de-acasă și să nu mai vii vreodată și mai ales de teamă că s-ar putea să-ncerci a trece strada și să te calce o mașină - tocmai asta a fost obsesia mea, frica cea mare. De te-ai fi avântat de unul singur în lume, ai fi putut să întâlnești chiar și pericole de-a dreptul înfiorătoare: nu numai câini de zece ori mai mari ca tine ce vor cu orice preț să vă vâneze, să vă muște și chiar să vă omoare, dar mai ales un anume soi de oameni ce n-au vreun scrupul și nici fir de bunătate pentru animale și... mai mult nu vreau să-ți spun ce fac atunci cu voi... Am procedat așa, și nu altfel, ca să te apăr de orice nenorocire ce te-ar putea atinge. Mi-a fost întotdeauna groază că ți s-ar putea-ntâmpla ceva îngrozitor și nu aș fi știut de-aș fi putut să-ndur asemenea necaz. Vezi, ființă dragă, din nou acel egoism ce ne este nouă, oamenilor, atât de tipic? „Eu și numai Eu", mereu același „Eu", rostește omul ne-ntrerupt în fiecare zi și chiar în somnul cel adânc din noapte.

O rană-n suflet ce nu se va închide niciodată este amintirea unei anume zile pe care-am petrecut-o alături de tine: Dimineața devreme, după ce te-am hrănit, te-am încuiat în cușca ta „pentru voiaj" care dintotdeauna nu-ți plăcea defel. De data asta însă, mi se păru că ești mai agitat ca de obicei și mieunatul tău suna a spaimă. După un drum destul de scurt am ajuns cu tine la un medic veterinar. Pe o masă albă, într-o încăpere puternic luminată, descuiasem cușca, dar tu n-ai vrut să ieși. Simțeai că nu-i a bine. Te-am scos. Lăbuțele îți tremurau, pupilele din ochii tăi erau mărite, așa cum n-am văzut vreodată. Doctorul s-a apropiat de tine și, după două mângâieri fără tandrețe, a-nfipt acul seringii cu narcoza. Așa cum te-ar lovi un trăznet ai căzut pe-o parte. Nu mai mieunai. Nu mai tremurai. Erai ca mort. Imaginea trupului tău ca și lipsit de viață, zăcând acolo pe albul nemilos al mesei, în conul de lumină orbitoare ce tăia de-a dreptul m-a tulburat nespus de mult. Am vrut să fug, să fug departe, să strig din răsputeri deznădejdea ce mă cuprinsese și să-mi dau singur palme pe obraz pentru a-ți fi pricinuit așa ceva. M-am abținut, desigur. Am apucat să văd cum doctorul se îndreptă din nou spre tine ținând în mână un bisturiu lucios... Am închis ochii – n-am vrut și n-am putut să văd și asta... După o vreme am auzit vocea lui spunând cu aer de învingător: „Operația s-a sfârșit! Totul este în ordine!". Calvarul meu și-al tău se terminase! Ce n-a știut doctorul este că atunci când a tăiat ceva din tine, cu același bisturiu lucios făcuse o rană în inima-mi plângândă. Am așteptat trezirea ta ca pe o binecuvântare, ca pe o reîntoarcere la viața noastră atât de plină și frumoasă. Târziu, pe când în minte încolțeau deja gândurile cele mai negre, s-a întâmplat, încet-încet, minunea: Ai deschis ochii, ai mieunat fără putere – erai încă buimac și foarte obosit, dar, slavă Domnului, trăiai! Tu n-ai știut, n-ai fi putut în nici un chip să înțelegi sau să-ți dai seama că de acum încolo o jumătate din tine, o jumătate din firea și menirea ta, de la natură moștenită, nu mai era. Ți-a fost răpită, furată, amputată cum se spune mai elegant în neamul meu de oameni. Ce bine-i câteodată, Gheruță drag, să nu știi tot... să nu-nțelegi... să nu-ți dai seama... Ce bine!

Te-am făcut prea timpuriu orfan și te-am însingurat, ți-am răpit libertatea și pe deasupra te-am mutilat, furându-ți firea și menirea ta adevărată. Să fie ăsta tâlcul privirilor tale atât de penetrante? Să fie un „De ce?" sfâșietor pe care mi l-ai adresa de ai putea vorbi în graiul meu? Mă consolam cu gândul că probabil tu nu pricepi sau simți prea mult din toate loviturile pe care ți le-am dat. Mă amăgeam că tot ce am făcut a fost spre a-ți oferi o viață liniștită, o viață bună. Ce consolare vană! Ce amăgire falsă! Sufletul meu va rămâne pentru totdeauna încărcat de remușcări, regrete și durere pentru-a fi făcut ce ți-am făcut. Să-ți spun, Gheruță, pentru toate astea doar un „Iartă-mă, ființă dragă", e prea puțin... mult prea puțin!

E drept, ți-am dăruit întreaga dragoste de care am fost în stare, dar ea n-a fost mai mult decât o mantie ce-a-nvăluit durerea – durerea ta, dar și a mea... Învăluisem amândoi durerea în mantia duioasă a iubirii...

Așa e, Gheruță, cu iubirea și durerea: ele se gonesc una pe alta, ca soarele și luna. Pe când iubirea se ivește, durerea se micşorează, fuge, câteodată chiar dispare; iar când iubirea se ofileşte, leşină sau se piere, durerea abia aşteaptă să revină, adeseori cu muşcătură şi mai tare. De-ai înţeles, să nu uiţi asta niciodată – s-ar putea să-ţi prindă bine în viaţă.

Tocmai de aceea îţi spun: De se va întâmpla să plec înaintea ta într-acolo de unde nimeni nu se-ntoarce, de se va întâmpla aşa şi vei rămâne singur, fără ocrotire, dăruieşte altora iubire, la fel cum ai făcut cu mine, căci doar astfel mai ai o şansă să-ţi fie viaţa bună. Doar prin iubire poţi să alungi durerea ce ne paşte la fiecare pas pe noi toţi cei ce trăim şi încă n-am plecat.

Dar să fii atent, suflet bun, suflet curat, să fii cu ochii-n patru cui îi dăruieşti iubirea ta. Căci nu toţi oamenii vor şti să aprecieze şi să înţeleagă darul tău de preţ. Nu toţi oamenii vor fi dispuşi să-ţi dea în schimb, la rândul lor, iubire, ocrotire şi un culcuş mai bun.

Să nu cumva să te-ncrezi întotdeauna în fapta şi în cuvântul omului. De multe ori ele sunt înşelătoare şi pot ascunde-n ele ce nici nu bănuieşti. Mai cu seamă în cuvântul omenesc este pitit pericol mare, căci el arată adesea ce nu este, iar ce este nu arată. Ca să îţi spun pe înţelesul tău: cuvântul omului este un şoarece din pâslă – te amăgeşte, te păcăleşte şi nu îţi dă nimic din ce promite. Că oamenii apreciază şi chiar iubesc făţărnicia cuvântului – care în sine nu înseamnă nimic şi poate însemna chiar totul! –, că ei ţes din pâslă de cuvânt delicii culturale bine lustruite ce îi îmbată până la extaz, să nu te intereseze... Lasă-i în plata lor! E jocul lor cu biluţe colorate sau cu perle doar din sticlă... Dar tu, să fii atent, să fii al dracului de-atent când ai de-a face cu vorbă omenească!

Şi fapta semenilor mei nu rareori se schimbă; unei fapte bune, blânde, poate să-i urmeze în mod subit o altă faptă: rea, chiar duşmănoasă. Este de ajuns ca „bunul" om să se isterizeze – atunci se-ndepărtează de tot ce-nseamnă bine, cumpăt şi raţiune. Se împătimeşte peste poate, strigă, ţipă ca un sălbatic, loveşte în dreapta şi în stânga uitând de legi şi de principii, uitând de ce înseamnă iubire, de promisiunile făcute, de datini şi de obligaţii, uitând chiar şi de mamă, de tată şi prieteni şi chiar de propria persoană. Istericul nu are nici un Dumnezeu, în afara ideii care l-a isterizat. El e periculos din cale-afară! Un politician în vârstă, din cei puţini ce sunt cu adevărat inteligenţi, şi-a exprimat îngrijorarea că mai toţi oamenii pot deveni isterici! Este adevărat: sunt de ajuns câteva vorbe şi idei cu şiretenie ticluite şi oamenii – mai cu seamă când sunt mai mulţi – sunt gata isterizaţi, sunt gata pentru orice, sunt în stare de a comite orice faptă...

Dar, Gheruţă drag, mi-e teamă că nu prea înţelegi toată povestea cu isteria şi cu isterizarea semenilor mei... Poate vei pricepe mai bine când îţi voi povesti un fapt ce s-a întâmplat cu-adevărat. Este un exemplu de lugubră celebritate: A fost cândva un personaj cu funcţie însemnată care şi-a întrebat poporul, încă dinainte de el însuşi isterizat, dacă oamenii doresc unt, ca să mănânce bine, sau tunuri, ca să lupte şi să acapareze şi mai mult. Cu toţii au răspuns cu-n singur glas: „Vrem tunuri". Şi li s-au dat... Şi isterizaţii au început război nemernic... Au tras cu tunuri şi alte arme nimicitoare împrăştiind moarte, pârjol şi durere nemăsurată prin toate neamurile vecine şi şi prin cele mai îndepărtate. Dar cei loviţi atât de crunt s-au adunat în deznădejdea lor şi au întors şi moartea şi pârjolul şi durerea cea nemăsurată în ţara celor ce nu au vrut unt, ci tunuri... Nenorocirea a fost una a lumii-ntregi şi nu există lacrimă pe-acest pământ care să o poată plânge atât cât se cuvine. Acum ai înţeles, Gheruţă, ce poate aduce isteria, mai cu seamă atunci când este colectivă? Nu te nelinişti! Pârjolul nu mai vine pe-aici pe unde locuim – sperăm cu toţii că lecţia crâncenă a fost probabil învăţată. Probabil...

Însă de însemnătate mare pentru tine şi semenii tăi, şi chiar şi pentru alte animale, este să ştiţi cu toţii că năravul omului de a se isteriza n-a dispărut cu totul. E de ajuns ca vreun profesor cu nume mai sonor să scrie într-un jurnal de trei parale că voi purtaţi bacterii rele și viruși din cei periculoși care se pot transmite la om aducându-i boli cumplite, infecții neiertătoare și chiar moarte. Atunci frica se transformă în isterie care repede se năpustește asupra voastră. Istericii vor să scape de voi și vă alungă, vă abandonează la marginea șoselei, dacă nu chiar vă omoară. Nici unul dintre cei isterizați nu se gândește o clipită că însuși omul poartă bacterii cu duiumul, că-i mai murdar ca orice animal și că posedă foarte des cel puțin doi viruși din cei mai primejdioși pe lumea asta: prostia și răutatea... Cu toții uită că spusele „domnului profesor cu nume mai sonor" sunt infirmate de realitate: omul moare de mână omenească de zeci de mii de ori mai des decât din cauza vreunui animal – de orice fel ar fi acesta! În ce privește neamul tău atât de blând, Gheruță, n-am auzit vreodată că ați fi adus vreunui om pieirea; el însă v-a adus-o de-atâtea ori... de-atâtea ori...

Omul este lacom. Lăcomia lui nu are margini și nici frâu. De îndată ce-a dobândit ceva ce și-a dorit, vrea și mai mult, mereu mai mult... rareori se mulțumește cu ce are. Spre deosebire de animale, când omul e sătul, îi este și mai tare foame. Pornește atunci o luptă acerbă, o luptă fără scrupule, fără morală – nimic nu mai respectă, nimic nu îi mai este sfânt în dorința lui de a avea! Această luptă a omului, care durează viața-ntreagă și deseori se-ntoarce chiar împotriva lui, nu este altceva decât o altă formă de isterie. Lăcomia fără de hotare și de sens *este* isterie! E drept: o isterie ceva mai liniștită – nu se strigă, nu se țipă ca un sălbatic –, o isterie „manierată", bine îmbrăcată și parfumată, ai cărei principali actori arată des chiar și un zâmbet pe care îl cred a fi prietenos. O isterie „distilată", nu ca aceea pe care-o întâlnești prin cârciumi și pe străzi. Nenorocirea și jalea sunt mari când vreunul ce stă la pupitrul de comandă al isteriei globale întrezărește în cineva sau în ceva o sursă de câștig. Protagonistul manierat și bine parfumat îi momește pe oameni promițându-le avere și deseori le dă în schimb doar sărăcie și chiar foame. Iar când prinții negri ai lăcomiei văd în voi, în animale, posibilitate de câştig, începe chiar un genocid. Slugile lor, şi ele cuprinse de isterie, vă vânează în tot locul, şi mici şi mari, pentru pielea, blana sau pentru carnea voastră. Vă omoară în mod bestial, aşa cum numai în infern ar fi posibil. Nici măcar cei mari şi cei puternici nu scapă: crocodili, tigri, rechini şi elefanţi sunt sacrificaţi şi transformaţi şi ei în bani din dragul isterizat pentru câştig. În faţa lăcomiei omeneşti nu aveţi nici unul dintre voi vreo şansă! ...nici unul...

Deşi există multe opere şi fapte de-ale omului de rară frumuseţe şi demne de-admirat, mi se întâmplă câteodată, în seri târzii de gând şi meditaţie, să-mi amintesc ce fac oamenii din lăcomie cu voi, animale şi mici şi mari, să-mi amintesc şi de război, de cât de des îşi omoară omul semenii, chiar şi părinţii sau copiii, de câte ori jigneşte şi loveşte omul în fel şi chip... Atunci îşi face loc în cugetul dezamăgit ideea grea ca plumbul, ideea cea mai rea: anume că mi-e ruşine că sunt un om...

Gheruţă, fiinţă mult iubită, ţi-am spus toate astea ca să ştii cum să te aperi de unii oameni când vei rămâne singur, de eu voi fi plecat într-acolo de unde nimeni nu se-ntoarce.

***

Dar, Doamne... sunt, din păcate, un om... doar un om... Şi cum nimic din ce-i uman nu mi-e străin, din timp în timp mă atinge, da!, mă loveşte şi raţiunea. Această bestie umană – atât de umană!... – ştie prea bine să alunge, să distrugă visul, de multe ori mult mai frumos decât realitatea! Severa raţiune-maşteră mă obligă acum să recunosc: Gheruţă nu a existat vreodată! ...şi tot ce-am scris, am gândit şi am simţit până acum este sortit a deveni cenuşă! Am construit un minunat castel, doar din vânt şi numai prin cuvânt... De ce oare suntem capabili să ne omorâm visurile? De ce ne este dat atât de rar să visăm chiar până la sfârşit? De ce? Raţiune!, de ce aduci de-atâtea ori decepţie?

Micuța vietate, atât de mult iubită, a fost doar o plămadă a minții mele însingurate și a inimii tânjind după iubire. Ea n-a avut dreptul să fie realitate, căci nu sunt chiar stăpân atotputernic pe viața mea – depind de alții... Gheruță le-a fost visurilor mele tată și-n același timp copil; iar dorurile mi le-a legănat și alinat – el a fost doica blândă a dorurilor mele, o viață-ntreagă neîmplinite de vreo ființă omenească.

Să-i mulțumesc himerei pentru asta, sau mie însumi, pentru a fi reușit s-o inventez? Nu! Nu e loc de mulțumiri. Ar fi banal și chiar stupid. Din toată această deznădăjduită poveste de dragoste se ivește doar o obligație:

Gheruță, de te vei naște cândva cu-adevărat și eu voi fi deja plecat în dincolo, să știi și să nu uiți că acolo, sus în ceruri, voi aranja cu Bunul Dumnezeu să vă dăruiască vouă, animale mici și mari, o stea din cele atât de multe de pe bolta cea măreață. Să dai de veste necontenit la toate animalele că de-odată ce vor pleca din lumea asta rea și dușmănoasă, vor ajunge pe steaua cea strălucitoare. Acolo va fi raiul vostru, unde nici un picior de om nu va călca. Acolo veți trăi cu toții în veci, în plină siguranță și după legi ce sunt doar ale voastre. Să le mai spui la toți că-n oră grea și de primejdie mare e bine să se uite-n sus, la steaua minunată, spre a se consola puțin și a-și alina întrucâtva frica și groaza pricinuită de unii oameni. Mai cu seamă cele mai oropsite dintre animale, ce-și lasă viața cu miile în abatoarele apocalipsei, ar fi bine să privească în clipa de pe urmă la steaua dăruită.

Voi veni și eu o dată, doar o singură dată și numai pentru câteva minute, pe steaua voastră. Îți voi aduce ție, Gheruță mult iubit, o bocceluță mică și bine închisă. Te rog încă de pe-acum să o îngropi pe-o pajiște frumoasă și însorită. Căci locul ei nu poate fi decât acolo, lângă voi, pe steaua aceea atât de luminoasă. Nu e nevoie să povestești la alții despre strania bocceluță. Tu însă poți și trebuie să știi că-n ea se află dorul meu mumificat...

Am sfârșit acest text azi, 16 august 2014. Trebuie să mărturisesc faptul că pe parcursul lucrului m-a urmărit de câteva ori gândul că aceste rânduri s-ar putea să fie ultimele pe care le scriu. Poate va fi așa sau poate nu... Nu știu nici eu... Dar gravitatea și greutatea stării de bază a acestor rânduri corespund exact stării mele interioare! Nu am mințit niciodată în vreun text de-al meu.

DESPRE AUTOR

-Vladimir Brânduş este pseudonimul lui Thomas Brandsdörfer pentru scrierile sale în limba română. El s-a născut în România ca fiu al uni german şi al unei rusoaice care în 1917, copil fiind, a fost obligată să-şi părăsească patria.

-Din 1969 autorul este activ în domeniul artei şi al teoriei artei.

-Brânduş/Brandsdörfer a fost actor, regizor, dramaturg şi a creat scenografie şi afişe. În Germania a prezentat în premieră mondială o adaptare scenică a *Elogiului nebuniei* de Erasmus von Roterdam.

-El a publicat în reviste de specialitate, la televiziune şi radio numeroase articole şi studii despre arte.

-În anii 70 a contribuit hotărâtor la alcătuirea paginilor de artă a prestigioasei reviste de literatură *Steaua* în Cluj-Napoca (România).

-Autorul a înfiinţat şi condus mai mulţi ani în Suedia o galerie de artă internaţională.

-Vladimir Brânduş, alias Thomas Brandsdörfer, a scris în germană sau română şi a publicat următoarele cărţi conţinând eseuri sau romane:

- *Artă şi critică în perspectivă comunicaţională - trei teze despre feed-back în artă* (ed. Eminescu, Bucureşti,1979).
- *Eseuri – numite de autor şi Panseluţe* (ca. 400 pagini), ed. Clusium, 2006.
- *Frumoasa insulă* - roman - (ed. Clusium, Cluj-Napoca 2006.).
- *Gânduri altfel despre...* (scurte eseuri) (ed. Clusium, Cluj-Napoca, 2007).
- În anul 2008 a publicat în Germania romanul *Die schöne Insel* (traducerea romanului *Frumoasa*

insulă) la editura Pop Verlag, Ludwigsburg, ca şi unele eseuri, printre altele în revista de literatură *Matrix*.

- *Was die Wörter flüstern* - eseuri scrise în germană - BoD, 2015.
- *Weißer See* - roman scris în germană - (pe tema bolii Alzheimer), BoD, 2015.
- *Iluziile unui secol - 120 de ani în Europa,* un amplu roman (ca. 600 pagini), scris în româneşte, despre secolul XX în Europa, BoD, 2015.
- *Plimbări printre idei şi emoţii - 2013-2014 - eseuri şi alte scrieri pentru suflet,* scrise în limba română, BoD, 2015. Ediţa a doua revizuită a aparut în 2016 la BoD.
- *Eine Wendung - von der Vernunft zu Emotionen*, eseuri, BoD, 2016.

Din 1980 autorul trăieşte şi lucrează în Düsseldorf.

CUPRINS

CUVÂNT ÎNAINTE 7

Tăcerea, cifra zero şi liniştrea

I - TĂCEREA 16
II - CIFRA ZERO 22
II-A ZEROUL „MATEMATIC" 22
II-B ZEROUL „FILOSOFIC" 29
II-C ZEROUL „ABSOLUT" 38
III - LINIŞTEA 41

Culoare şi Fiinţă

I - INTRODUCERE 48
II - PARTE DOCUMENTARĂ 56
CE SPUNE **FILOSOFIA** DESPRE CULORI? 56
CE SPUNE **FIZICA** DESPRE CULORI? 79
CE SPUNE **NEUROFIZIOLOGIA** DESPRE CULORI? ... 93
CONCLUZII LA PARTEA DOCUMENTARĂ 98
III - PARTE ESEISTICĂ 103

FIINŢA UMANĂ ŞI DARUL PRIMIT 103
-Culoare în viaţa cotidiană 103
-Culoarea ca informaţie 103
-Culoare şi simbol 104
-Relaţie activă Fiinţă-culoare 106
-Culoare în natură 106
-Culoare şi artă 107
-Abstinenţă cromatică în artă 109
-Trei funcţii ale culorii în artă 110
-Culoare în pictură 112
-Culoare în film 119

→ → →

ANTAGONISMUL LOGOS-MITHOS
ȘI ȘANSA FIINȚEI UMANE ÎN CULOARE ȘI MUZICĂ 123
-Sfera Logosului și a Mithosului - definiție și conținut 123
-Tensiune între Logos și Mithos 127
-Reechilibrare prin muzică 130
-Reechilibrare prin culoare 132
-Reechilibrare prin iubire 133
-A asculta și a contempla 135
-Muzică și culoare - opere deschise 137
-Muzică, culoare și esențe 139
-„amor musicae" și „amor chromatis" 140
-Cuvântare de încheiere 142

Gheruță
un text din lumea emoțiilor

GHERUȚĂ 146

***

DESPRE AUTOR 159
CUPRINS 161

Notițe

Notițe